U0836233

地势坤，君子以厚德载物。

简而美的哲学小史

李妍 著

九州出版社
JIUZHOUPRESS

图书在版编目（CIP）数据

简而美的哲学小史 / 李妍著 . — 北京 : 九州出版社 , 2017.4

ISBN 978-7-5108-5150-6

Ⅰ . ①简… Ⅱ . ①李… Ⅲ . ①哲学史—世界—通俗读物 Ⅳ . ① B1-49

中国版本图书馆 CIP 数据核字（2017）第 061561 号

简而美的哲学小史

作　　者　李　妍　著
出版发行　九州出版社
地　　址　北京市西城区阜外大街甲 35 号（100037）
发行电话　（010）68992190/3/5/6
网　　址　www.jiuzhoupress.com
电子信箱　jiuzhou@jiuzhoupress.com
印　　刷　北京玺诚印务有限公司
开　　本　880 毫米 ×1230 毫米　32 开
印　　张　7
字　　数　170 千字
版　　次　2017 年 5 月第 1 版
印　　次　2017 年 5 月第 1 次印刷
书　　号　ISBN 978-7-5108-5150-6
定　　价　36.00 元

★ 版权所有 侵权必究 ★

目录

引言

PART 1

源远流长，博大精深：中国传统哲学

PART 2
智慧与真理的火种：古代和中世纪西方哲学

PART 3
理性的批判与反思：近现代西方哲学

引言

哲学史，需要极简而畅快的阅读

“哲学”一词源于古希腊语。每个国家都有不同的哲学理论。哲学问题一直以来都是人们在思考的问题，无论是历史上还是现实中，每当一位哲学家提出一个答案的时候，总会有人对这个答案提出质疑，并且推翻答案，再修改答案，最终再重写答案。学习哲学并不是为了寻找答案，而是为了在寻找答案的过程中学习到宝贵的知识。当然，真理如果一点不能改变那就不是真理了。探寻真理的哲学更需要与时俱进，不断被赋予新的内核。哲学的内核在历史流变中不断演进，留给我们宝贵的精神财富。为了让读者更为轻松地获取哲学知识，笔者特意编写了这本《简而美的哲学小史》。

本书内容分为三个部分，第一部分为中国传统哲学，第二部分为古代和中世纪西方哲学，第三部分为近现代西方哲学。笔者将中国和西方的哲学理论进行总结，用极简练的语言表达出来，希望能够通过这种方式让读者快速了解哲学史的发展。

本书第一部分对我国历史的各个时期的哲学学派以及代表

人物的思想进行探讨和分析，力求用通俗的语言来表达传统哲学思想的意蕴。中国哲学主要致力于研究天人之间的关系以及历史演变的规律。中国哲学重视哲学和伦理之间的联系，在唯物主义和唯心主义的表达方式方面，也具有民族理论思维方式。从唯物主义和唯心主义之间的斗争，以及辩证法和形而上学之间的相互影响，不难看出我国历史上的阶级冲突和生产斗争。中国哲学史是我国传统文化的精华，笔者希望通过展示各个时期的哲学思潮来弘扬我国的哲学文化，提高民族自信心。

本书第二、第三部分从西方哲学的发展史进行讲述，力求能够准确地诠释西方哲学的发展历程，充分展示西方哲学的多样性和丰富性。笔者尽可能采取客观的立场，在写法上借鉴各类哲学史著述方式的长处和特点，希望能做到既用通俗易懂的文字勾勒出西方哲学史的轮廓，又展示出其间思想实质的关联与区别。在这两部分，笔者对西方哲学史进行了系统的梳理，力争将哲学史料转化成条理清晰的文字表述，写清楚西方哲学史的发展历程及各大流派的传承与发展，说明白西方哲学对现当代世界政治、经济、文化大格局的深远影响。在此，须特别说明的是，马列哲学在西方乃至世界哲学史上都占有重要地位，需要专著进行介绍，因此在这本“小史”中并未涉及。请读者自鉴。

阅读本书，有助于了解中国和西方的哲学思想，扩大自己的视野，并且加深自己对我国传统哲学和西方哲学的认识和了解。由于笔者准备仓促，加之自身的水平有限，所以书中难免会出现一些错漏的地方，希望广大读者予以批评指正。

源远流长，博大精深：中国传统哲学

PART 1

◇第一章◇

中国文化的正源先秦哲学

先秦是中国哲学的重要发展时期。哲学的萌芽与宗教有很大关联，处于哲学萌芽期的人们，相信灵魂不死并且崇拜自然物。西周末年至春秋时期属诸子前哲学，这个时期出现了无神论倾向，甚至在《诗经》中还出现了疑天和责天的思想。直至春秋末年，儒家学派的产生，让中国哲学进入了诸子哲学阶段，从此也开启了中国哲学的繁荣时代。

孔子的儒家教育面面观

孔子，名丘，字仲尼，鲁国陬邑人（今山东曲阜），生于公元前 551 年，卒于公元前 479 年。孔子的祖籍其实并不是鲁国，而是宋国，他因为战乱来到鲁国，他的曾祖父孔防叔还曾经担任过鲁国的防邑大夫，孔子的叔父也曾担任过陬邑大夫。出生于这样的家庭，孔子的日子应该过得不错，可是在孔子 3 岁的时候，父亲突然离世，孔子因此陷入了生活的困境当中。孔子靠自己的毅力刻苦学习，30 岁，他就以知礼而出名，从此之后，开始办学。

孔子的一生都在为教育事业做贡献，但是他在政治方面却一直不得志，他曾在 20 多岁时当过管仓库和牛马的小吏，50 岁之后也曾做过小司空和大司寇等一些高官，但是最终因为与人有矛盾，不得不弃官离开鲁国。孔子弃官之后开始周游列国，一直到 14 年之后他才再次回到鲁国，此后的他一直从事着教育事业，并且整理文献典籍。

孔子的言论被弟子们整理成集——《论语》，这也成了后人研究孔子思想的重要资料。孔子的言论有一部分也被收录到《左传》以及《礼记》等其他典籍当中。孔子在我国哲学史上开创了儒家学派以及儒家学说，被称为儒家哲学，也被世人视为人道思想的核心。

孔子继承了周代的天人观念，并且提出了“不知命，无以为君子也”的观念，在这句话中，“命”指的是“天命”，天命被视为一种超脱自然的力量，这种力量是人所不能改变的，但可以被人们认识。以孔子的才学和经验，他也是到了 50 岁的时候才知道自己的天命，由此可见，想要认识到自己的天命是一件很不容易的事情。

《论语》中记载孔子的弟子子贡提及自己的老师并不喜欢谈天道，而且也不喜欢讲有关鬼神的事情。孔子并不在意鬼神和人死后的事情，他在乎的是现实的人生。有人曾经问过孔子关于鬼神的问题，可是孔子却说：“现实的事情都没做好，又哪里能关心鬼神的事情？”

虽然孔子不喜欢谈论天道，却是一个敬畏天命的人。孔子认为人的生死、吉凶、穷富以及国家的命运都是人无法掌握的事情，都是由老天来主宰的。孔子还在原有的周代天人观念的基础上，又进一步建立了新的天命观念。孔子觉得天意是通过自然界变化而来，天命只是赋予了人类某些东西，而不是主宰人生。孔子对于“天”

的认识，刷新了人们以往对天的认识观念。过去人们认为自己的人生早已经被天安排好，可是孔子却告诉世人，修行要凭借个人，让人们产生了主观能动性，也为后人行人道指出了明确的方向。

在天命观的基础上，孔子又建立了以“仁”为核心的人道思想。“仁”的定义最早出现在春秋时代，仁有爱的含义，所以人们常常用仁来代表爱的意思，孔子在“仁爱”概念的基础上，又提出了“仁者爱人”的人道思想。与春秋时期“仁爱”思想不同的是，孔子更加主张以“仁”为核心。此外，孔子还将“爱人”提升为学道和为政的基本原则。《论语·乡党》中记载，有一次孔子家的马棚失火，有人前来通报，结果孔子却问：“有人受伤了吗？”并没有问马是否有事，这也进一步说明了孔子更加重视人的安危，而不是关心自己的损失。另外，孔子还将“仁”作为做人的最高准则，后来孔子的学生曾参将孔子做人之道概括为“忠恕之道”。

孔子将“仁”作为人的一种内在本质以及道德精神，提出了“修己求仁”的理论。这其中也涉及了礼与仁之间的关系，礼是孔子人道思想中的一个重要的组成部分。孔子认为“礼”是治国的根本原则，而且也是一个人的行为准则。人学礼、知礼还不够，如果不能够按礼来行事，说明修己不够，所以求不到仁。此外，孔子还反复强调人要有自律性，并且主张自我反省。蘧伯玉曾经闭门思过，孔子对他的行为给予了高度评价。

孔子在修己求仁当中提倡“学”与“思”相结合，学是基础，在学习的过程中还要思考。只有以“仁”为核心来修己，才能够成为君子，才算“成人”，这一说法进一步说明了孔子崇高的人生境界。

孔子认为人生境界需要通过人的志趣、情感、出处等方面体现出来。无论是忧伤还是欢乐，这些情感都可以用于表现人的价值观，价值观也是人生境界的一种体现。关于进退问题，孔子认为一个人的境界高低与是否出仕为官无关，而与道德有关。

孔子根据自己的人生体验，将人生境界划分为："三十而立，四十而不惑，五十而知天命，六十而耳顺，七十而从心所欲，不逾矩。"其中，"立"与"成"同义，"三十而立"指的是30岁时"成人"。"不惑"指的是对于所有的事物已经没有任何疑惑，这时的人成为一个道德主体。"知天命"指的是了解天人之际，人处于这个阶段会实现主客观的统一。"耳顺"指的是人心和道合二为一。"从心所欲，不逾矩"是建立在心道合一的基础之上的。心就是道，所以心之欲必须合乎人道。孔子指出人只要随心行事，必定不会超越道德规范和社会制度，只有这样，人才能获得自由。

当人通过修己求仁达到了做人标准后，人生将进入另外一个境界，这个时候的人才具备人格。因为孔子将自己的人生理想与社会理想融合在一起，因此被称作"理想人格"。孔子设立了两种人格，一种是君子，另一种是圣人。君子指的是道德高尚的人，而圣人要比君子的人格更高尚。

圣人在孔子心目中地位崇高，他认为只有尧、舜、禹、汤这样的人才能够配得上圣人的称号，他自己则从不以圣人自居。孔子提出的理想人格，既有现实性，也有终极性。他觉得每个人都应该做君子，但是要将圣人设定为人生追求的目标。人们要将追求圣人的人格看得比圣人更加重要，只有努力成为圣人，才能够实现君子的人生价值。

"中"与"和"在孔子的人道思想当中有德的含义，同时这也是他的思维方式与哲学理论。孔子将"中"引入人道思想当中，并且提出了"中庸"。他不仅将中庸视为最高尚的道德，还将中庸贯彻到教育工作当中。对于一些胆子大、好胜心强的学生给予抑制；对于胆小懦弱的学生，他则给予鼓励，最终让所有学生都能够达到中庸的道德，并且将中庸作为处理问题的思维方式。在孔子眼中，即使是不仁之人，也不能太过憎恨，劝诫人们思考问题和处理问题时不能太过极端。虽说孔子提倡中庸，但是他并不赞成人们不分是非，不讲道理。

西周末年，史伯提出了“和”与“同”的哲学范畴，孔子则继承了“和”与“同”的思想。他提出将“和”与“同”作为区分小人和君子的标准。其中“和”不仅是道德范畴，还具有哲学意义，与“中”一样，还包括辩证思想。“中”“和”在儒家思想中很重要，在孔子的人道思想中，“仁与礼”同“中与和”之间有着非常紧密的关系，“仁与礼”需要“中与和”来进行协调。

孔子的人道思想中的仁与礼的含义并不同，其中仁是将爱人作为出发点，没有阶级之分，而礼却有着非常严苛的阶级之分。仁在孔子的人道思想中体现了时代的新观念，但是礼又很好地维护了宗法关系，这让仁与礼看起来很矛盾。可是孔子又提出了“中与和”的思想，仁与礼一下子被中与和统一了。由此可见，孔子的人道思想是新旧交织的，体现出他是一个注重道德情操与道德规范统一的人。

孔子将“中与和”作为原则来协调“仁与礼”，让“仁与礼”达到和谐统一。另外，他还用礼、义来制约中与和，这证明他的人道思想是建立在辩证思维方法之上的，这一思想对我国古代智慧发展有重要意义。

理想主义的孟子哲学

孟子，名轲，字子舆，战国邹人（今山东邹县）。生于约公元前 372 年，卒于公元前 289 年。孟子是继孔子之后儒学的重要代表人物，他继承发展了孔子的人道思想。孟子十分推崇孔子，他认为孔子是圣人。

孟子在孔子天人观念的基础上提出了天人合一的思想，他相信有天命，觉得王位的继承是天命的安排。孟子的天命观念与前人有所不同，他继承了民本的思想。虽说他认为君权是天命，可是他却认为能否继承王位，是人与上天一同赋予的，他的这种行为实际上是借助天命的名义，让老百姓们来决定天子的命运。

孟子认为天命是一种人力所不能及的力量，但是天命中却蕴藏了对客观必然性的认识，由此他又提出了“势”与“时”的范畴。所谓的“乘势”与“待时”是指符合客观必然，他觉得凡事只要符合客观规律都可以事半功倍。与此同时，他还利用揠苗助长的寓言来告诫世人，违反客观规律必定有害无益。

孟子重视人，他觉得人心的向背可以成就天下，其中他着重强调人心的重要性。孟子天人合一的说法其实包含了两种含义，一种是带有神学色彩的含义，另一种则是具备思辨特色的含义，他的这一说法对儒家思想的发展起到了很大影响。

孟子不仅继承了孔子的仁学思想，还在孔子的基础上对这一思想做了全新的阐述和提升，他认为爱人要先从爱自己的亲人开始。孟子的仁爱思想以血缘关系为纽带，带有浓厚的亲情色彩。越是亲近，越能表明爱得深厚，这就是所谓的“爱有差等”，他的这一思想最终成了儒家人道思想的经典理论。

此外，孟子还提出了“义”“礼”“智”三个范畴，他认为“义”和“仁”的意义是一样的，代表着人的德行，他用义来规范人的行为而不是用礼，这能够说明春秋与战国时期有着明显的时代变化。

孟子认为的礼与孔子的礼有原则上的区别，他认为礼不可以用于区分人的等级，而是一种礼貌辞让的礼节。在他眼中，智也不是指知识，而是指人的道德范畴。孟子更加主张注重仁、义，他的这一思想最终成了儒家人道思想的代称，同时也成了封建伦理道德的代称。

孔子提出了人性善恶的人道理论，此后有人主张人性为善，可是也有人主张人性为恶，其中孟子的“性善说”对后人产生了深远的影响。告子主张“性无善无不善”的观点，虽然这种观点后来被荀子采纳，可是孟子却持反对态度，因此提出了“性善说”来驳斥告子。

针对告子的观点，孟子将仁义视为人先天具备的本性，他提出：倘若人只知道吃饱穿暖，过着安逸的生活，那么与禽兽又有什么区别？人更应该懂得“父子有亲，君臣有义，夫妻有别，长幼有序，朋友有信”。虽然人与动物的自然本性相似，但是人除了有自然本性，还有社会本性。

孟子认为仁、义、礼、智可以决定一个人的善恶，同时他还提出了“理、义之悦我心”的理论，由此引出心性关系有两种，一种是区分礼与义的能力，另一种则是人的恻隐之心、是非之心、羞恶之心以及辞让之心。只要综合两种心性关系，就可以将人的思想行为引导向善。

孟子主张修身立命，他更加重视人的道德情操以及精神生活。他认为一个人的荣辱并不在于贫富贵贱，而在于仁与不仁。要保持人格尊严必须以道义为原则，此外还要磨炼自己的心志，只有这样，才能正确对待自己的生命。

孟子强调修身，并且告诫世人要保持天赋德行，不能自暴自弃，不走正路是可鄙的行为。他认为君子与小人之间的差别在于存养不同，只要存养天赋就可以成为一位君子，相反缺失存养则会成为小人。修身是一种道德境界，到达一定精神境界可以让人成就一番大事业。他还将保持心性的修持过程称为“养气”。

孟子指出存养心性的最好办法是减少自己的物质欲望，如果一个人的物质欲望不大，即便天赋丧失，也不会丧失很多；如果物质欲望太大，天赋善性即便可以保留，也保留不多。只有做到反省内求，才能够达到最高的精神境界。

孟子所提倡的“反求诸己”不仅是修身方法，还是思维方式，他的这一思想对儒家学说以及陆王心学有着深远影响。

现实主义的荀子哲学

荀子，名况，字卿，又称孙卿，生于约公元前 313 年，卒于公元前 238 年，是战国后期赵国人。他是继孟子之后另一个儒家思想的重要代表人物，他的著作都保留在《荀子》中。

荀子主张建立全新的封建等级制度，并且提出要重视“隆礼”和“重法”，强调“礼”和“法”的重要性。他提出的“礼”与孔子提出的“礼”有所不同，他更看重封建等级制度。他觉得如果对物质的欲望没有限定，那么一定会为争夺物质而发生争斗，引起社会混乱。为此，统治者必须制定“礼义”和“法度”，这样社会才能稳定发展。

荀子提出的“礼”是一种等级制度，即贫富、贵贱、长幼，每个人在社会中都应该做符合自己身份的事情，这种等级关系与宗族血缘关系有所不同，是按照地主阶级的政治标准来制定的全新等级制度。这种等级制度提出，但凡政治和道德不符合标准的人，即便是贵族，也只能做平民百姓。对于有学识，政治和道德符合标准的人，即便是平民百姓，也可以当官。他所提出的思想打破了原有的宗法等级制，他还提出礼是法的基础，法应该按照礼的标准来制定。

荀子是一个比较注重当前现实的人，他反对孟子盲目崇拜“先王”的历史观，强调“以近知远”。他认为要从当前的社会现实去思考过去的历史，只有这样，历史观才能有所进步。他从历史中也了解到社会底层人的作用，并且告诫统治者一定要重视社会底层的人，因为他们如果对政治不满，那么统治者的地位就会不保。

荀子与孟子不同，他觉得所有的“礼义”和“法度”都是人们制定出来约束、教育以及处理社会关系的人为东西。他反对孟子所提出的“性善”论，所以他提出了与之相反的“性恶”论。

他认为“善”是指符合道德规范和礼义制度的行为，而“恶”是指破坏封建统治制度的行为，所以他觉得人性中根本没有“善”，人不会生下来就符合道德规范和礼义制度，人的本性本来就是好利善妒的，如果不能很好地控制这种本性，人们就会渐渐变得没有道德，因此他认为人性本“恶”。也正是因为人性本“恶”，才更需要圣人来教化大家，引导人们去做符合道德规范和礼义制度的事情。他觉得如果真像孟子所说的人性本善，那么要圣人和礼义制度、道德规范还有什么用呢?

荀子表示人的本性其实与所有的礼义、道德规范以及法律制度都是对立关系，圣人制定道德规范约束人们，以此来维护社会秩序。他认为人的本性就是饿了想吃东西，冷了想穿衣服，困了想睡觉这么简单。可是有了道德规范的约束后，晚辈在长辈面前饿了也不敢吃东西，困了也不敢睡觉，这种行为是违背本性的。

荀子的“性恶”论其实是一种抽象的人性论，他要论证封建等级制度和道德规范如何巩固封建社会秩序。他虽然反对孟子的理论，可实际上他的理论与孟子的理论如出一辙，无论是“性善”还是“性恶”，都是统治阶级的标准。

荀子不仅重视人事，他还吸收了古代唯物主义无神论思想以及自然科学成果，并且建立了属于自己的唯物主义自然观。他批判“天命”和“君权神授”的观点，提出自然规律与社会人事之间要有所区分。他认为社会人事的动荡与统治者的管理有直接关系，但与自然变化没有关系。

荀子对自然界中的一些罕见现象做了唯物主义说明，他指出流星、月食、日食都是自然现象，只是因为平时比较少见，所以才有神秘感，人们并不需要对这些自然现象产生恐惧。只要统治者清明，即便所有的罕见现象聚集在一起出现，也不会对社会产生任何影响。相反，如果统治者昏庸无能，即便没有任何罕见现象出现，社会也会出现动荡。虽然荀子无法对自然现象做出科学的解释，但是他的理论却成功地对孔子和孟子所弘扬的“生死有命，富贵在天”的理论进行了批判，与此同时，他也对老庄所主张的神秘主义自然观进行了批判。

荀子批判他人的同时，也阐述了自己的观点，他将自然界的变化看作物质特有的规律，他提出人只要按照这些自然规律行动，就可以掌管天地、支配万物，但是如果违背自然规律做事，就会惹来祸事。他反对人们在自然规律面前表现出的无能和消极态度，同时他提出了“制天命而用之”的思想。他认为顺从自然规律不如掌握自然规律，根据自然规律的变化来运用它。

荀子提出“人定胜天”的唯物主义思想，对唯物主义哲学的发展有着重要意义。可他的唯物主义自然观也有矛盾的地方，比如，他批判宗教迷信，却又主张保留宗教仪式，这是因为他的思想里还残留着神秘主义观念。荀子对先秦的各派哲学都进行了详细的分析和批判，可谓是先秦哲学的总结者，他主张的唯物主义思想对以后的哲学发展也产生了深远的影响，汉代王充、唐代柳宗元等人，都继承了他的唯物主义思想。

老子的道家自然理论

老子，生于约公元前580年，卒于公元前500年，姓李，名耳，字聃，是楚国苦县人，是春秋时期的思想家，同时也是道家思想的创始人。他所建立的道家思想，在中国古代哲学史上有着重要的意义。

老子的天道观和哲学思想一直围绕着“道”展开，他认为“道”是万物的根本。老子提出“道生一，一生二，二生三，三生万物”的理论，他用这个理论来推论天地的起源。他觉得“道”是万物生存的基础，万物只有依赖“道”才能生存和发展。“道”是无法被人感知的世界之外的无形无声的精神物质。“道”产生元气，而元气又衍生出阴气和阳气，阴气和阳气又产生冲气，而阴气、阳气和冲气即是天、地、人三才，三才衍生出世间万物。由精神物质为出发点，引出宇宙万物的论述，这说明老子的哲学思想主要倾向于客观唯心主义。

老子在论述天道观时，不仅说明“道”是万物的根源，还指出“道”在时时刻刻变化着。天地万物都是在“道”的变化过程中产生的，所以万物的发展都要受到“道”的影响。由此，老子提出了很多带有辩证思维的哲学命题。他认为世界上本没有善恶、美丑、难易、高下、长短等一些对立关系，这些对立关系都是互相存在的条件。

在认定了矛盾双方是互为存在的条件时，老子又进一步提出矛盾双方是以对立关系存在的。老子还提出，矛盾的对立地位不是固定不变的，他说过：“祸兮，福之所倚；福兮，祸之所伏。

孰知其极？其无正。正复为奇，善复为妖。”这句话的意思是说，幸福在灾祸里，灾祸也在幸福中，没有人能够知道福祸什么时候发生，任何事物发展到极致时，都会向对立面转变。

老子基于对矛盾的普遍性和对立面互相转化的深刻认识，又提出了“反者道之动，弱者道之用”的辩证法命题，他认为世间万物都是互相依存、互相转化的关系。这一论证法命题中的“反”在老子看来有两层含义，一层是相反，另一层是返回。他觉得所有事物都会朝着相反方向发展，但是最终都会回到原位。所有事物发展到极致时，必定要走向灭亡。老子的辩证法侧重于“反”，他重视事物的反面性质，善于对立思考问题和解决问题，他的辩证法思想也是我国古代伟大的辩证法思想之一。

老子虽然注重“道”，但他也赞成认识客观事物，关于道的认识和对事物的认识存在本质上的区别。他提出了“玄鉴”和“静观”的闻道方法以及“以身观身”的为学方法。认识途径和方法取决于认识对象，同时也会产生不同的知识层面，这些理论构成了老子的知识系统。老子在体道的问题中不重视感觉经验，而是重视直觉，在他看来，对各种事物的认识需要依靠感觉经验获得，但是对道的认识，要通过直觉才能够领悟。他认为知识越积累越多，而知识太多会妨碍道的认识，所以只有排除感觉经验才能与道合一，人才能够得道。

所谓“玄鉴”的闻道方法是指停止思维活动，心如止水，让人进入一种直觉状态。“静观”的闻道方法是指堵塞所有的感觉器官，才能够消灭混乱的心智，排除外界干扰，达到得道境界。

老子提出的“闻道”并不是依靠逻辑进行推理，而是通过中断思维直接领悟。他的知识论比较直接，靠灵感和直觉获得。这也决定了他的知识论在知识价值的取向上更加重视道的认知，在他眼中，“道”具有无上的价值，从而他也贬斥经验知识，否定知识的价值。

老子将“道”落实到现实，将其作为解决人生问题和社会问题的准则，从而引出人道与天道的关系。在人道与天道关系的问题上，老子主张“人道无为，天道自然”的理论。他认为人道一定要遵从天道自然法则，不能人为干扰自然。他觉得只要为政者无为，让人们自然发展，社会自然会变得安定。但是，老子所说的“无为”并不是无所作为，而是不要妄为影响自然状态，从而提出了“为无为，则无不治”的治国原则。

老子还在提出的治国原则的基础上，批判了社会上的一系列不公平现象。比如统治者吃着山珍海味，穿着华衣美服，而老百姓忍饥挨饿，衣不蔽体，这种行为就是有违天道和人道。在此基础上，老子又对仁、义、礼、智等道德规范进行了批判，他认为仁、义、礼、智的道德规范之所以会存在，是因为人类道德逐渐消失，所以仁、义、礼、智的道德规范是虚伪的。

在老子的哲学理论当中，形象刻画和感情色彩都比较少，他更加重视理智辩证思考，通过哲理诗的形式表达自己的论证，对中国哲学发展产生了深远的影响。

庄子的游世至乐观点

庄子，生于约公元前 369 年，卒于公元前 286 年，宋国蒙人。庄子是继老子之后道家思想的重要代表人物，他在继承老子的哲学思想基础上，将道家思想做了进一步发展。庄子不仅是一位哲学家，还是一位语言文学家。他抱着游世的态度，淡泊名利，希望可以将人们引向一个超脱凡俗的空灵境界。他所创立的庄子学派将先秦思辨哲学推向了另一个高度，让人们更深层次地体会到人生价值。

在宇宙论上，庄子和老子的观点差异较大，庄子提出了“以无为本”的宇宙本体论，构成宇宙本体论思想可以用“无、道、天、命、物”五个字来概括，而这五个字也是他本体论的基本范畴。

庄子认为，世间万物的形成不仅仅是客观的自然过程，还有人的主观认识参与其中，他甚至认为人的主观认识在万物生成的过程中起到了主要作用。“道”与“无”的关系密切，“无”是指宇宙本体，而“道”是指宇宙本体的运动过程，“道”决定了宇宙本体的运动，也决定着宇宙间的变化。由于“道”不断变化，所以任何不断运动变化的事物都存在着变化的可能性。

“天”是指不断运动的宇宙自然。庄子以“道”的角度将人和物画上了等号，他甚至觉得有生命和没有生命也是相同的，在他看来，人只有顺从自然，才会安乐。在关于“天”的问题上，庄子有意夸大了本体自然化的作用，并忽略掉了人类的主观能动性。

“道”驱使着宇宙万物不断变化，并且规定世间万物的生长和灭亡，这就是“命”。庄子认为，人的贫穷或者富贵都是命运，是人力无法改变的事情，所以他强调“安命”和“保身”，这也反映出他消极的人生态度。

“物”是本体不断变化产生的幻象，庄子认为万物在本质上都是相通的，只是人们对本体认识不同，所以才对本体做出了不同的规定。通过对庄子本体论的范畴分析，可以看出庄子的理论具有一定的合理性，但是最终还是偏向于唯心主义。

庄子的认识思想在老子的基础上有了很大发展，他在形而上的本体认识上采取了神秘不可知论，而在形而下的事物认识上采取了相对主义的诡辩论。

庄子认为宇宙本体运动是无形无象的，所以“道”本身是不可认识的。人的认知能力是有限的，想要在有限的人生中寻求无限的知识是一件很危险的事情。他认为认识与无认识本质上并没有区别，所以否定了人的认识能力。

庄子不仅否定了人的认识能力，还排斥人的认识思维方式，他提倡意向思维方式，主张自我情感体验与关照直觉的自然相暗合。在万事万物的认识方面，庄子已经认识了事物的相对性和辩证关系。庄子摒弃了有关事物的质的规定性，他的思想偏向相对主义，他排斥绝对主义，这也因此让他陷入到了主观主义的诡辩当中，推论出很多让人觉得荒诞的结论，例如，天底下没有任何东西会比秋毫之末更大，大山也是小的等理论，在他那里，任何事物的大小都没有了自身的规定性。

庄子在认识的问题上，采取取消事物间的比较和对立的方式来让事物达到本质上和现象上齐一万物的目的，这种“齐物”思想虽然将辩证思想与相对主义糅合在一起，但是从本质上将一切事物都混淆在一起，这是一种典型的相对主义诡辩论。

庄子的养生思想分为两种，一种是处事养生，另一种是至人养生。处事养生的目的在于“保身”和“全生”，主张“顺物自然”，达到精神自由的目的。为了能够在现实社会中达到“保身”的目的，他又提出了“以无厚入有间”的养生方法。所谓的“以无厚入有间”的养生方法，就是主张人们要洁身自好，在夹缝中求生存。

庄子所提出的至人养生是以体认本体为目的，他认为自然关系和君臣关系都是命定的，是人力无法改变的，所以人们在顺应自然之命的同时，还要应付社会环境。另外，君主的存在会损害人类的自然本性，如果想要摆脱这种艰难的处境，必须寻求理想中的境界，同时庄子又再次提出了“同于大通”的养生方法。

想要实现“同于大通”，必须通过静坐来忘掉一切，消除心中的欲念，对外界的事情充耳不闻，做到无思无虑才能够得道。不过，庄子认为他所提出的这种养生方法并不是所有人都能够做到，只有“神人”“至人”以及“真人”才能做到。庄子认为这三种人是宇宙本体的人格化，他们可以不吃五谷，只通过吸风饮露就能够生存，能够腾云驾雾，遨游四海。

由此可见，庄子认为的这三种人并不符合常理，只符合宇宙本体的特征，这是庄子顺从自然和天人合一思想的体现。后来，庄子的这种养生方法和理想人格被道教吸收，并且改造成了修仙的方术。

墨子的兼爱非攻说

墨翟，即墨子，他的姓氏其实并不是“墨”而是“墨台”，他是商朝孤竹国目夷氏的后人。生于约公元前468年，卒于公元前376年。墨子生平事迹史书上记载很少，所以只能从《墨子》以及少量先秦史书中寻找蛛丝马迹。墨子生活在社会底层，所以他特别了解社会底层人民的生活。墨子受儒家教育，在《墨子》书中，我们可以看到很多关于儒家经典的征引。

墨子所带领的墨家学派成员绝大多数都来自社会最底层，这些人从事着最繁重的生产劳动，所以思想感情与社会底层的人紧密相通。在战国初期时，小生产者几乎没有任何社会地位，而且经常会被奴隶主势力以及新兴的地主阶级剥削，导致有一些小生产者常常要面临忍饥挨饿的处境，甚至被活活饿死。墨子主张的学说中，重视劳动和节俭的生产观，并且主张推贤任能，提倡统一。

墨子认为人与动物最大的区别在于生产实践，动物只能依靠自身条件和自然条件来生存，可是人却可以依靠生产劳动来生存。墨子最重视的莫过于农业和家庭纺织业，因为这两项生产正是解决老百姓温饱的首要问题。墨子将农业视为国民经济的基础，他主张要抓紧节气时令充分利用土地的潜力，让人们积极地投入到生产活动当中。墨子不仅重视生产，还注重节俭，在任何方面他都主张节约开支，反对奢侈浪费。他说："穿衣服冬天能够御寒，夏天能够防暑就够了。"他反对豪门贵族穿金戴银。饮食上，他表示，只要能够填饱肚子就可以，反对豪门贵族大鱼大肉的奢靡做法。在住房上，墨子主张能够防风寒，别男女之礼即可，反对豪门贵族雕梁画栋的奢靡作风。出行上，他主张舟车只要坚固即可，反对豪门贵族将舟车装饰得过于奢华。此外，墨子还推行"节葬之法"，他觉得"厚葬久丧"是社会陋习，而且耽误人们劳动生产。

墨子提倡推贤任能，希望能够抛开血缘、出身等偏见，从刻苦学习的人中挑选贤能之人参与国家的管理。他希望国家能够简化管理制度，让贤人担任管理工作，这样才可以让国家政治趋于稳定。

墨子提出"兼相爱，交相利"的道德理论学说。其中"兼相爱"是指人与人之间不应该因为血缘关系而有远近亲疏之分，更不能因为血缘关系而将人分高低贵贱。人应该平等互助，他的道德理论学说与儒家提倡的"爱有差等"是对立的。墨子主张的"兼爱说"与儒家主张的"别爱说"形成了鲜明的对比，因此他也经常与儒家信徒们一起争辩论证自己的学说。

墨子还一直坚持鲜明的是非观和善恶观，他将人分为两类，一类是仁人，另一类是暴人。墨子认为"兼爱"是一种道德理想，也是一种奋斗目标，所以应该大力弘扬，并且要对社会中的暴行予以谴责。"兼爱说"除了表现了当时社会底层人民之间的那份朴实互爱的道德观念外，也是对儒家宗法等级观念的强烈抨击。

墨子反对孔孟提倡的义利对立，他崇尚道义，也不排斥利益。墨子的道德思想是实现仁义、兼爱天下，他所提倡的仁义则是指公众的利益。墨子所提出的义利统一的思想，充分体现了当时劳动人民之间互帮互爱的传统美德。

墨子的世界观是矛盾的，他一方面有着有神论思想，另一方面还有着无神论的因素，所以他的世界观是谬误和真理的结合体。自殷周以来，人们一直相信有鬼神一说，可是到了春秋末期时，人们渐渐对有神论提出了质疑。

墨子虽然赞同有神论思想，但是他认为的有神论与传统的有神论有着本质的区别。传统的有神论主要是为奴隶主阶级提供服务，帮助奴隶主阶级巩固统治地位，而墨子所提倡的有神论则是反映小生产者——劳动人民的利益。

墨子提出的“鬼神能赏善罚暴”的理论与现实生活相违背，所以不断有弟子提出怀疑，迫不得已，墨子只能进行修正。有一次墨子生病了，他的弟子前来看望，询问墨子：“先生说鬼神能赏善罚暴，那么像先生这样的圣人怎么还会生病呢？”墨子则回答：“鬼神只不过是堵塞人生病的一种借口罢了。”由此可见，其实墨子一直都在有神和无神之间徘徊。墨子反对儒家主张的“命定论”，他主张强力而为，从而体现出他希望小生产者可以通过自己的努力改变社会地位的愿望。

墨子不赞同儒家提出的“生而知之”的唯心主义先验论，他觉得耳目等一些感觉器官就可以反映客观事实。如果将这些客观事实作为认识的来源和基础的话，最符合朴素唯物主义经验论。墨子重点以生产实际和生活经验为基础，反对儒家的唯心主义，明确提出自己的唯物主义观点。

此外，墨子还提出了关于检验认识的三条标准，第一条是利用历史事实来衡量言论的正确与否；第二条是以劳动人民的实际经验为认识来源；第三条是将言论运用到实践当中，用实践结果来检验言论的正确性。

墨子的认识论是从劳动阶级的生产实践当中得来的，是最朴素的唯物主义经验论的认识论，具有最为广泛的社会基础。一直到战国中后期时，墨子的唯物主义才被建立得更加完善，形成了朴素的唯物主义哲学体系。

集法家大成的韩非子

韩非是韩国人，生于约公元前 280 年，卒于公元前 233 年。他是战国末期各个学说的总结者之一，同时也是我国历史上著名的政治家、思想家。公元前 221 年，秦国打败齐国后成功统一了全国。韩非代表地主阶级，主张通过暴力和战争统治政权，反对孟子所提倡的“仁政”。在经济上，他主张保护和发展农业生产。在思想上，他排斥各种矛盾和抵触的学说，建立了统一思想，他提出了法、术、势相结合的法治思想。在认识论上，他坚持唯物主义无神论。他的很多理论都被秦始皇所用，所以他的理论也成了专制政权的基础理论。

韩非子反对孟子的“性善”论，并且继承了荀子主张的“性恶”论，他尝试过从经济关系中来表明人与人的关系，可是受到时代和阶级的限制，所以导致他无法了解真正的社会经济关系。他站在地主阶级的角度，将人与人之间的关系视为自私自利的关系。他认为，人的所有感情、道德以及行为都建立在“利”的基础之上。君王给臣民高官厚禄，是希望他们可以为自己服务，获取利益；

臣民们肯为君王卖力，是因为可以得到高官厚禄作为奖赏，所以君王与臣民之间根本没有所谓的“忠”。父子之间的关系也不是“孝”，只是单纯的父养子、子供父的互相算计的关系而已。

韩非认为所有的人都以“利”为出发点，他反对用仁和义说教方式治国，他认为用“严刑”和“重罚”来治国更好。无论是奖赏还是惩罚，都只能由一个人来掌握这份权力，因而韩非所主张的统治术其实就是极端主义的君主集权制。此外，韩非还对前期法家提出的“法”“术”“势”提出了质疑，他认为虽然商鞅的“法”让秦国变得富强，但是商鞅不注重“术”，所以无法辨认官吏的忠奸，以至于秦国几十年都无法统一六国。另外，韩非还认为“势”其实是统治术当中不可缺少的一部分，他觉得“势”就好像是君王的爪牙，只有“重势”的君王才能够掌握权力，才能够统治天下。

韩非的认识论主要延续了荀子的思想，他与荀子一样，都认为人是有认识能力的。他认为人的认识机能属于自然属性，人想要得到认识，必须不断接触客观的事物，并且寻找事物的规律。他反对脱离客观事物只依靠思想的唯心主义认识论，甚至还批判“前识”的唯心主义先验论。他认为在没有接触事物之前就有了行动，属于“前识”，而“前识”是一种妄想。此外，他还提出了与“前识”截然相反的“缘道理”唯物主义认识论。

韩非认为所有的事物都有自然规律，必须反复观察和比较，并且虚心以待，绝对不能产生猜测和主观成见。他认为只要按照这种方法从事活动，就不可能失败。关于真理的问题，他提出了“参验”的检验方法，他觉得认识的内容是客观的事物和规律，必须检验认识、言论以及客观事物是否符合才能明辨是非。只有对言论、判断进行比较后，才能够知道哪一个才是正确的。

在检验和比较的过程中，韩非更加注重用实际功效来检验认识的正确性。他觉得很多言论和事物都不能单单依靠它的外表来判断对与错，必须实践一下才知道是否正确。除此之外，他还强调认识必须以实际功用为出发点，只有这样，认识才有用处。

韩非的自然观也延续了荀子的唯物主义无神论思想，与此同时，他还吸取了老子的哲学思想。他发扬无神论传统，对于社会上封建迷信思想进行了批判，他甚至还找了大量的历史资料来驳斥鬼神一说。

韩非认为，无论是社会还是自然界当中，都没有任何所谓的神秘力量存在，社会想要安定，必须通过统治者的努力治理才能够实现。对于自然界的治理，他认为要顺应自然界的规律。针对自己的思想，他还将老子提出“道”的唯物主义进行了改造，在他的哲学思想当中，“道”就是自然界里万物的真实面目，是治理自然界和社会的规律。

此外，韩非还认为万物的“理”都有所不同，“道”应该适应“理”。在他的思想中，“理”是有生命的，能生也能死，而“道”是与理相呼应的。这反映出韩非所提出的理论更加细致，他所提出“理”的思想对于中国哲学史有着深远影响。

先秦时期的其他哲学思想

先秦时期，社会大变革，很多名物制度都发生了翻天覆地的变化，不仅诸侯国统治阶级称王称霸，甚至还有一些大夫、卿将诸侯推翻，自己掌权。面对这种复杂的政治关系，很多政治家、思想家都纷纷发表自己的意见，并且长期持续着争论。春秋时期，孔子认为“名”和“实”与现实不符，所以提出了先确立名分的主张。到了战国后期，孔子的学说得到了进一步的发展，同时也出现了很多“辩者”和“名家”，其中最具代表性的莫过于惠施和公孙龙。

惠施，生于约公元前 370 年，卒于约公元前 310 年，是战国中期宋国人，曾经在魏国做过相，并且时常与庄子一起辩论问题。他是一个很博学的人，而且具有辩论方面的才华，能够与人滔滔不绝地讲述万物的道理。

惠施曾提议为魏国立新法，但后来遭到了大臣们的强烈反对，最终他所提出的新法没有得到实施。他曾提出十个命题，其中第五个命题便是关于事物“同”和“异”的关系，他认为事物有“大同”，也有“小同”。他认为无论事物之间是“大同”还是“小同”，从事物的根本上来看，世间万物都可以被视为“毕同”，也可以被视为“毕异”，这才是事物真正的“大同异”。惠施所主张的“毕同”和“毕异”与庄周根本否定的事物差别并不一样，他强调事物某种程度上的“同”和“异”的联系，体现同异之间具有一定的统一性。后人也将惠施的这一看法称为“合同异”。

惠施主张观察事物时要从不同的角度出发，证明高低、大小以及四周等条件与事物空间的关系存在相对性。从事物的变化当中来说明生死、今昔等事物的时间关系的相对性。惠施的思想当中存在着一定的辩证法因素，他从某种程度上直观地预测到了事物运动中所隐藏的矛盾。能够有这种思想，在我国古代已经是非常难得的了，这对人们发展认识，促进正确认识事物，弄清楚概念含义的条件性都有着深远的意义。

惠施的思想虽然比较先进，但是他却不能够真正了解事物的同和异之间的关系，所以他只能片面地夸大事物和认识的相对性，避谈事物和认识的绝对性，所以他的学说也陷入了相对主义当中。也正因如此，他抽象地谈论事物和认识的相对性，也让他所提出来的一些命题成了诡辩。

公孙龙，生于约公元前 320 年，卒于约公元前 250 年，是战国中期赵国人，曾经做过赵国平原君的门客。公孙龙的思想有别于惠施的"合同异"，惠施主要通过强调事物的"毕同"和"毕异"，而公孙龙则是通过事物的性质和概念进行分析，主要强调事物之间的差别和独立性，他的思想是"离坚白"。

公孙龙所说的"离坚白"是指"坚"和"白"两种不同的属性不能够同时联系在一个事物当中，无论是"坚"还是"白"，都有独立的概念和性质。根据常理来看，如果见到一块坚硬的白色石头，大家都会称为"坚白石"，如果按照这种说法来看，"坚"和"白"都是石头的属性，与石头是一体的。而公孙龙却不是这样看，他觉得"坚"和"白"是分开的，两者之间有所差别。比如说见到一块石头时，你只能看见石头"白"的颜色，却看不到它"坚"的一面，只有用手去摸石头，才能够感觉到石头的"坚"，但是感觉不到石头的"白"，所以说"坚"和"白"是有区别的，而且两者之间不能互相渗透。由此，他得出了结论，"坚"和"白"是分离的，这也是他所坚持的"离坚白"的基本观点。

虽然公孙龙看到了"坚"和"白"的概念有所差别，但是他在论证时却将感官与感觉、感官与感官、感觉与感觉之间的联系全部分割开了，这种论证方法本身就是不正确的，因此有人常常会反驳他，人眼虽然无法感受到"坚"的感觉，手也无法感受到"白"的感觉，但是不能说"坚"和"白"不同时存在，只是人的感官功能不同，不能互相代替感官功能而已。

公孙龙将事物的各个属性都分割开来，并且对事物的差别进行夸大，这是一种理性的抽象思维。公孙龙提出了很多关于"离坚白"的命题，其中有一部分命题富有辩证法思想，但是有一部分命题则是诡辩。

◇第二章◇

秦汉哲学中的统治与抗争

自秦朝统一后，中国逐渐成为中央集权的国家，此时人们崇尚法家思想，哲学思想停滞不前。汉代初期，统治者吸取了秦朝灭亡的教训后，开始渐渐缓和原有的矛盾，并且休养生息，黄老之学开始盛行。随着社会不断发展，汉武帝时儒家学说逐渐成了统治思想，后来谶纬之学兴起后，王充等人的反正统思想也随之出现。东汉末期，随着佛教传入，道教也逐渐兴起，哲学思想面临着复杂的局面。汉代哲学主要从宇宙形成、天人关系、形神关系、人性、古今等方面展开。

西汉初期的“黄老”思潮

西汉初期，刚刚经历了战国的纷争以及秦朝的苛法，一切都处于百废待兴的状态，因此推崇休养生息的政策。与该政策相呼应的便是无为之学，这种学说也成了当时官方的指导思想。

1973 年，国家考古队在湖南长沙马王堆汉墓当中发现了《黄帝四经》，这四经中包括《经法》《称经》《道原》以及《十大经》。《黄帝四经》起源于战国时期，我国西汉初期盛行的“黄学”便是以《黄帝四经》为经典代表的。当初司马迁在编写《史记》时并没有收录与《黄帝四经》相关的内容，所以导致黄学竟然被埋在地下5000余年才被人们发现。此前，西汉初期盛行的“黄老”思想由于没有历史资料作为参考，成了一个不解的历史之谜。

司马迁之所以没有见过《黄帝四经》，是因为司马迁生活在汉武帝时代，在天汉二年（公元前99年），司马迁因为李陵事件而激怒了汉武帝，最终被腐刑下狱，而他下狱时年龄为46岁，这时的《黄帝四经》早已经深埋地下长达27年之久了。

这是一本关于“治国之本”的书籍，全书共由四篇文章组成，这本书让海内外炎黄子孙重新认识了黄帝以及黄帝思想。

起初《黄帝四经》被人们发掘时，还被人们称为《老子乙本卷前古佚书》，后来专家们经过鉴定后发现，这个出自马王堆汉墓的帛书竟然是失传已久的《黄帝四经》。虽然这本书曾经在《汉书·艺文志》当中有所记载，但是自从汉朝以后，这本书就已经失传了。专家学者们根据书中记载的内容以及文字、篇章等进行深入研究，最终认定它成书时期晚于《老子》，但是早于《管子》《孟子》以及《庄子》。

《黄帝四经》的出现正好弥补了道家学说中由老子一派转变成为黄老学派的过程，从书中内容记载也可以看得出，该书对先秦的各个学派都产生了不同程度的影响。这本书的出现也将很多已经被人们所认定的经学理论推翻，所以说它的存在也对经学研究影响深远。

“黄学”思想中主要以天道环周论为主要思想，同时也是黄帝哲学思想的核心基本点。天道环周思想肯定了人类社会和自然界变化都是有一定规律的，这些规律就是盛极必反、环周往复、交替不已的天道。

汉代初期的统治者将天道环周论视为治国安民的思想，汉高祖刘邦以及汉代初期的君臣都信奉黄老之学。汉高祖刘邦的手下有两位谋臣，一位是张良，另一位是陈平。其中，张良信奉道家，而陈平由于年少时家境贫寒的缘故，爱好读书的他成了黄老的忠实信徒。在刘邦与项羽的战斗中，两个人充分利用了黄老之术，运用以柔克刚、以退为进的方法战胜了项羽，帮助刘邦赢得了天下。

天道环周论的形成与历算学、天文学以及物候学有关，君王们只需要按照必然性和规律性的环周不已的天道来治理国家，即可以解决遇见的所有经济、政治问题，并且调和一切矛盾关系。汉代初期正是一个动荡不安的年代，对于这样一个内忧外患的农业国家来说，采用这种理论来治理国家无疑是最好的选择。

黄老学派认为，只要能够准确抓住天道返还的时机，就等于抓住了“执道”的关键。想要打败对方，一定要等他从强盛的顶点逐渐走向反面的时候再出击，这样就可以轻而易举地将其打败。相反，如果违背了天道的话，错过了最佳的时机，即便是最后取得了胜利，也同样要受到一定的惩罚。在这种循环当中，包括相反相成、对立统一的朴素辩证法。

黄老学派虽然与阴阳家流派如出一辙，但是又与天文学和历算学有关，而阴阳家末流中主张的“推刑德”等一系列恶习弊病，最终都被黄老学派摒弃。黄老之言最终成了真正的哲学，而不是阴阳家流派的宗教迷信。黄老学派为了论证人类社会与自然界之间存在的规律和联系提出了一系列方法，荀子和韩非子也继续沿用了黄老学派的思想，并且对先秦唯物主义的认识论有了更加深刻的认识。《黄帝四经》在我国哲学史上有着非常重要的地位，也对我国哲学史发展具有深远的影响。

春秋末年，天道环周论对人们来说还是一种新兴的思潮，它认为世界是不断变化的，却努力去寻找变化的规律。它主张应该顺应天时，将一切应该灭亡的事物都灭亡，这种理论与西周宗法奴隶制当中的很多传统观念背道而驰。黄帝之言在认识论当中，解决了很多春秋末年与战国初期的思想家、政治家的困扰，并且解决了很多社会名物制度的混乱问题。

西汉初年，我国刚刚经历了多年战乱，国家衰败，百姓生活窘迫，国家经济很难在短时间内有所起色。面对如此孱弱的国家，统治者无法进行大规模的建设，更没有办法组织兵力对外讨伐。统治者能做的只有根据天道环周论来治理国家，让国家休养生息，因此国家的统治思想逐渐进入到了保守状态。“黄学”迎合了当时的社会现状，天道环周论非常适合当时的国情，老百姓在天道环周论的影响下逐渐休养生息，国家的国力也因此逐渐恢复。

董仲舒和儒学的神学化

汉武帝统治的西汉王朝国力鼎盛，为了能够巩固自己的统治，汉武帝除了在经济和政治方面加强中央集权之外，还在思想上推行尊崇儒术的政策。董仲舒提出的“罢黜百家，独尊儒术”的思想，并非是春秋战国时期的儒家思想，他所提出的儒术思想当中掺杂了法家、道家、阴阳五行家的思想，他所提出的思想是一种全新的思想。这种思想不仅维护了传统的封建统治秩序，而且将王权神化了，所以我国古代的统治者都推崇此思想，这个思想也成了我国传统文化的主流和正统思想。

我国汉代初期时崇尚黄老的无为而治的思想，但是国家经过了长达几十年的休养生息后，社会生产已经得到了全面恢复，社会秩序也趋于稳定。政治思想方面自然也不会停留在无为而治的思想上，此时的政治思想已经从无为转变成了有为，思想也从道家逐渐转变成了儒家。汉文帝（刘恒，公元前 203 年—公元前 157 年）在位时，一些诸侯王的势力强大，甚至凌驾在朝廷之上，所获得的封地面积远远超出了古制，对此政论家贾谊也上疏朝廷，希望将无为变成有为。汉景帝（刘启，公元前 188 年—公元前 141 年，汉文帝刘恒第五子）继位之后，开始推崇重农抑商的征程，并且招募士兵，抵抗匈奴的进犯。此外，汉景帝在位时，还出现了削藩的政策，并且逐渐将诸侯占领的封地夺了回来，用此来巩固自己的中央政权。

董仲舒，生于公元前 179 年，卒于公元前 104 年，是西汉时期著名的思想家、哲学家。他的主要代表作是《天人三策》，被收录在《汉书》和《春秋繁露》当中。董仲舒主张公羊哲学的思想体系，而公羊哲学主要以儒家思想为基础，将阴阳家的阴阳五行作为理论框架。他认为天人是能够互相感应的，而其中涉及的“天人感应”论最早被认为是宗教神学，但是后来人们又认为该理论与天文学以及医学都有一定关系。董仲舒的历史观中有形而上学的成分，也有辩证法的成分，他主张养身和中和治天下。

《天人三策》是董仲舒政治哲学的纲要，他一方面强调以神权来论证君权，另一方面又以神权限制君权。汉武帝建元元年（公元前 140 年），董仲舒曾经提出“大一统”的理论，即所有的诸侯都应该被天子所统治，绝对不能够自己专权。为了能够维护统治阶级，他还在哲学理论上提出了“天人合一”和“天人感应”的学说。他觉得人们所拥有的一切都是上天赐予的，而且他还认为天是有意志的，自然界的变化、社会的变化、国家的兴亡都是天意。天子受命于天，所以人民服从天子的统治，等同于服从天道，他以此来论证皇权的神圣。他一方面宣扬“君权神授”，但是另一方面他也对皇权加以限制。他提出：“如果国家出现灾害，则说明是上天在警告天子，希望天子能够自省。”

董仲舒反对重大改革，主张一切都要“以古准今”。他反对“汉承秦制”式的依靠法制治国的方法，他觉得统治者应该阴阳相结合、德行并用才行，治理国家应该以德为主、以刑辅德才行。他还吸取了先秦法家韩非子的思想，并且提出了“君为臣纲、父为子纲、夫为妻纲”的“三纲”理论。后来这一理论也成了我国封建社会的“纲常名教”的原则，并且成了束缚古代人民的思想枷锁，也因此受到了统治者们的拥护。董仲舒的学说其实是以儒家学说为基础，其中融合了法家、道家以及阴阳家的专制理论，让统治者的集权得到了加强。

董仲舒的学术思想主张“罢黜百家，独尊儒术”，一直到公元前 135 年，窦太后去世后才得以实现。当时朝廷中绝大多数的官吏都出自儒家，儒家学说从此得到了蓬勃发展，并且成为长达两千年的封建正统思想。

司马迁的唯物主义思想

司马迁，字子长，生于公元前 145 年（或公元前 135 年），卒于公元前约 87 年，是我国历史上著名的文学家、史学家，也被后人称为“史圣”。司马迁的父亲叫作司马谈，他也是一名历史学家，曾经在朝廷中担任太史令，他希望自己的儿子能够子承父业，所以在司马迁很小的时候，他就开始培养司马迁。司马迁年仅 10 岁就已经开始诵读《国语》《左传》《尚书》等一些历史书籍，这也为司马迁打下了良好的文学和历史基础。

司马迁从小热爱读书，而且喜欢游览名胜古迹，从 20 岁起，他便开始游历全国各地。只要是古代历史中记载的有名的地方，他就要亲自前去看一看，并且到当地拜访年长的人，了解有关的历史故事。当他得知战国时期秦国蜀郡太守李冰修建了具有防洪和灌溉功能的都江堰，他就立刻来到四川，并且爬上岷山俯瞰都江堰。他听闻秦始皇灭掉魏国时，曾经将黄河水引进魏国的国都大梁城，他就专门来到大梁实地考察，并且询问当地年长的人当时的情况如何。他了解到屈原怀才不遇最终投入汨罗江，于是他亲自来到汨罗河江边吊唁这位爱国诗人。在他游历全国各地的过程中，增长了不少历史知识，也打开了自己的眼界，并且锻炼了自己对事物的观察能力，掌握了大量的历史资料，这也为日后他编写《史记》打下了良好的基础。

司马迁 36 岁那年，父亲因病去世，辞世之前，他将自己编写的一部历史书以及自己搜集到的资料给了司马迁，并拉着司马迁的手说:“自汉代兴起后，海内统一，之前有那么多贤明的君主，而现在有那么多忠良义士，他们每个人的背后都有一段感人的事迹，我身为太史令，如果不能将他们的事迹全部记载在史书当中，又怎么能对得起我这个职位呢？我希望我死后，你能够继承我的事业，将我没有完成的史书继续写完。”父亲的临终嘱托也成了司马迁写作的动力。

两年后，司马迁接任了父亲的职位，有了更多机会接触文书档案，因此他读了更多珍贵的典籍，既丰富了自己的知识，又了解到了更多的历史资料。但是好景不长，他的好朋友李陵受命讨伐匈奴，却被敌人算计被俘。有人却报告汉武帝，称李陵已经投靠了匈奴，结果汉武帝一气之下下令杀死李陵全家。司马迁很了解李陵的人品，所以他在汉武帝面前尝试为李陵开脱罪名，结果却被汉武帝处以腐刑。丧失了生殖能力的司马迁蒙受了奇耻大辱，他原本想自杀，了结生命，可是考虑到父亲的遗愿还没完成，所以他决定忍辱负重，完成父亲的遗愿。

经过多年努力，司马迁终于在53岁这一年完成了历史巨著《史记》，书中的内容翔实可靠，生动地描写了人物事迹，歌颂了历史上的明君贤臣以及义士领袖，同时也讽刺鞭挞了暴君奸臣的劣迹。司马迁希望能够通过《史记》让人们了解过去，从失败中吸取经验教训。书中不仅保留了先秦至西汉前期的思想家、哲学家的传记，还有他和他的父亲司马谈的哲学史料。司马氏父子二人精通百家之学，对于儒、墨、法、名以及阴阳五家的思想有肯定也有批判，司马迁本人最为推崇道家思想。

从哲学的角度来看《史记》，司马迁主张天命思想，其中“天”的含义有三种，即：自然之天、天性以及天命论思想。此外，司马迁还提出了天人感应的宇宙观。在这个宇宙观里，他将宇宙分为天命意志、显示天命以及人类社会三个部分。其中天命意志占了主要地位，司马迁通过天道赏善罚恶以及君权神授方面来表述，由此可见，神学是推动自然界和人类社会发展的动力。显示天命是一种广义的概念，其中包括占梦、预言、五德始终、三统循环、日月星辰、四时变化等，他认为这些环节都是天与人的沟通方式。

《史记》的宇宙观中，最底层的是人类社会，统治者通过应天改制以及实行德治的办法来顺应天意，人类除了可以顺应天命之外，也具有一定的改变天命的能动力。统治者可以通过修政、修德等措施来改变天命。《史记》中的道德观分为两个方面，一方面，司马迁认为历史发展、国家兴亡，甚至是个人命运都跟礼和道德有关；另一方面，他认为有很多预言都应验了，这也说明道德具有决定命运的作用。

司马迁是一位擅长描写历史人物的历史学家，他为后人留下了很多宝贵的资料，帮助人们解开了很多历史之谜，虽然《史记》当中并没有留下他自己的思想论文，但是《史记》当中的内容便是他的思想表现。

王充的唯物主义无神论

两汉时期的唯物主义思想家越来越多，他们反对迷信鬼神，王充就是唯物主义和无神论思想的代表人物。王充生于 27 年，卒于约 97 年，是东汉时期著名的哲学家、思想家。他从小好学，但是因为家境贫寒，所以他只能到卖书的地方看书。他曾做过小吏，但是做了一段时间后，发现自己根本不适合这份工作，最终辞官回乡。王充晚年一直都在写书，他的作品中有揭露当时社会的风俗道德，也有宣扬治民之道，谈及养性经验的，他的作品反映了他的哲学思想。

秦汉时期，求仙和鬼神迷信思想十分盛行，尤其是秦始皇和汉武帝，竟然让人在全国大肆寻找能够长生不老的仙药。西汉时期的儒家代表董仲舒曾经神化封建皇帝，为的是能够迷惑当时的老百姓，所以他大肆宣扬迷信思想。他认为天才是最高的主宰，而天子所下达的命令就是天意，所以皇帝如果实行德政，那么天下太平，如果皇帝昏庸无道，那么就会带来灾祸。

王充则对董仲舒所主张的因果报应以及鬼神一说嗤之以鼻，他还针对这种思想进行了批驳。当时流传着一个故事，故事的主人公是春秋时期的楚惠王，他生性善良，一次在吃饭时发现菜里有一条水蛭，他知道如果他当众将水蛭挑出来的话，厨师就会被立刻处死，为了保全厨师的性命，他只能硬生生地将水蛭吞进肚子。可是到了晚上的时候，楚惠王竟然将水蛭排出体外，就连肚子也不疼了。人们将这个故事称为“善有善报”。王充对这种说法进行了批驳。他表示，水蛭在进入人体之后，由于人体内的体温过高而死亡。楚惠王之所以会肚子疼，是因为他的肚子里原本有瘀血，而水蛭恰恰能够吸血，在进入人体后便开始吸血，死后连带着肚子里的瘀血一起被排出来，楚惠王的病自然就好了。他认为这个故事只是一种巧合而已，根本不是“善有善报”。

王充一生仕途不顺，曾经也做过一时的小官小吏，但是没有任何实权，而且他愤世嫉俗的性格也让他与很多权贵之间产生了矛盾，因而他并没有做太长时间的官就辞官回乡了。短暂的官宦生活让他更真实地见到了官员们的腐败生活，所以他的后半生一直在家中写书。他有一本著作叫作《论衡》，这本书中的内容充分体现出他是一个不畏强权，敢于追求真理的人。为了写这本书，他曾经搜集了大量资料，闭门谢客，在家专心写书，花了几十年的时间才完成了这本著作。这部书的主旨在于宣传科学和无神论，并对迷信思想进行了批驳。

王充提出的唯物主义自然观中，认为世间万物都由元气组成，而元气则是一种客观存在的物质。他认为世界上并没有天意一说，日月星辰也都是按照一定的自然规律运行的，而并非是在传达天意。他反对一切鬼神迷信思想，他觉得人死了就精气灭绝了，人的身体腐烂之后会变成泥土，而不是变成鬼，他认为迷信说教都是一些荒诞虚伪的思想。

王充还是一个典型的朴素唯物主义的知识论者，他觉得即便是孔子那样的圣贤也不是刚刚出生就拥有很多知识，人的知识都是需要用感官来接触外界，用抽象思维去思考，只有这样，才能够得到最可靠的知识。他认为，为了探求知识，即便是驳斥孔子，也够不上伤逆义理。由于当时人们的生活条件有限，所以对于科学的理解也有所限制，王充在对一些自然现象做解释的时候，也不免会出现一些差错。同时，他无法将唯物主义思想运用到社会历史当中，因而他不得不用宿命论来解释社会中的贫富贵贱现象。

王充在家写书的整个过程也不顺利，因为社会舆论常常会来侵扰他，而且当时一些权贵人物也对他产生了质疑。大家觉得他并不是出生在书香门第，而且也没有投靠任何师门，所以他根本就不配写书，以至于他的书完成后，依旧被视为异端邪说，他甚至还遭到了禁锢。虽然各方面的压力都非常大，可是王充却一直坚持著书。王充勇于批判，提倡唯物主义思想，给唯物主义的拥护者起到了表率作用。

王符和仲长统的唯物主义

我国古代的哲学家、思想家虽然在学说方面各持己见，但是都有着浓烈的治道情结，将治国之道视为自己的使命，他们一边学习，一边将学到的知识运用到生活中，有人走仕途报效社会，有人则写书警示后人。

王符，约生于85年，约卒于162年，是东汉中后期著名的思想家、政治家。王符小时候被人歧视，但是他却有好学的精神，他不爱名利，喜欢隐居写作。他所著的《潜夫论》当中以“元气”为本原，论证了宇宙中的万物演化过程，同时还指出当时政治中的缺陷。他所提出的治道架构也成了东汉时期统治者们使用的治国大纲。

最早提出“元气”这个概念的人并不是王符，而是董仲舒。王符和张衡对谶纬神学当中的元气进行了批判论证，最终得出了元气本源论。他所提出来的元气本源论主要有三个特点。

首先，他认定“元气”是构成宇宙万物的根本，他否定宇宙有始的说法。他表示自己在衍生的过程中，“元气”并没有受到任何外界影响，所以衍生只不过是一个自我孕育与自我变化的过程。

其次，他所提倡的元气本源论有发展和演化的过程。他将《周易》中的“太极”和“阴阳”学说都进行了改编，将“元气”作为本原，这也让他的元气论与王充所提倡的元气论有所差别。

最后，王符的元气论更加完善，当他使用自己提出的元气论来论证社会现象和自然界时，批判性和战斗力一下子就凸显出来了。他所著的《潜夫论》当中，《赞学》《本政》《务本》等篇章构成了治国之道的理论。这些文章分别从治道之行的角度以及社会现实的角度来立论。王符所提出来的治国理论侧重于法令赏罚，他认为法令赏罚是治国的重要原则。他觉得无论是法禁还是德化，都有一定的适用范围，需要根据时势来进行调整。

仲长统，生于180年，卒于220年，是我国东汉末年著名的思想家、政治家。仲长统年幼时勤奋好学，喜欢阅读书籍，20岁之后，他便开始四处游学，结交了很多有才学的朋友。当时的并州刺史高干曾主动招待他，与他一起讨论当时的社会问题。仲长统是一个十分耿直的人，他对高干说道：“你是一个有雄心但是没有才能的人，喜欢有才能的人士，但是不会选择有才能的人。”他原本想用这些话来提醒高干，可是高干为人十分自傲，完全听不进他的劝告，最终他只能离开高干。仲长统离开不久，高干就因为反叛事件而失败，此后人们便十分尊敬仲长统。

仲长统是一个性格十分古怪的人，有时候他沉默寡言，有时候又会与人侃侃而谈，因此人们也称他为狂生，朝廷每次想要召他做官时，他总是以自己生病为理由拒绝。他不愿为官，喜欢过自由自在的生活，他曾经为此特别著论：“我想要居住在被竹林环绕、背靠山、面朝水的地方，庭院中种着各样果蔬，每天出门有车船代步，这样我就可以免于奔波之苦。可以让父母吃上美味，让妻儿不受劳动之苦，可以和朋友们聚在一起享用美酒佳肴，这样的日子才是我想过的。”由此可见，他是一个不图名利，生活十分洒脱的人。

当时的尚书令荀彧十分欣赏仲长统，他向朝廷举荐仲长统为尚书郎。后来，仲长统还帮助当时的丞相曹操处理过军务，与曹操一起谈论古今时，他经常会愤然叹息，因此他曾写下长达10余万字的论著《昌言》。仲长统41岁时去世，后人对他的文章评价很高，甚至说他可以比肩董仲舒、贾谊等人。他在世时，曾经批判社会政治，无论是专权的宦官，还是昏庸的君王，他都敢于抨击。他将愚昧的君王视为祸乱社会的根源，所以他希望有贤明的人能够对国家进行改革，废除弊政，实施正确的政策。

仲长统的政治思想与当时社会中流行的神权政治理论存在着对立关系，他提倡人事为本、天道为末，他认为国家的兴亡与“人事”有关，与“天道”无关。他还主张废除三公联合执政的机制，并且恢复西汉时期实行的丞相执政机制，他觉得一人专政要比数人执政更加可靠。此外，他还认识到自从上古人民的平等社会结构瓦解之后，人们的贫富差异已经成了不可逆转的事实。虽然贵族士大夫的生活条件优越，可是他们的寿命却比贫困的人短，这是因为他们每天饱食饮酒并且纵情声色，导致身体中的精气被消耗殆尽，不利于养生，所以才会英年早逝。虽然说仲长统的思想当中还残留着一定的唯心主义，但是大体上他的思想都是唯物主义的进步思想，他敢于批判两汉时期的宗教神学，是我国历史上著名的哲学家、进步思想家。

两汉经学今古文之争

两汉经学存在着内部分化的问题，所以也渐渐演变成了今古文之争。两汉时期用于统治的理论为今古文和谶纬说，如果从哲学思想的角度来看，两汉经学中的今古文其实造诣并不大，只有董仲舒提出的天道神学与阴阳五行说结合的理论还有一定的创造性。

中国封建社会不断发展，思想学术方面也逐渐变得庸俗，统治阶级掌控着统治政策，他们希望自己可以永远统治下去，他们不断地从法律方面要求人民臣服于他，还希望能够让人们从思想上归顺于他，只有这样，才能够让统治力增强。汉高祖（刘邦，公元前 256 年—公元前 195 年）为了能够巩固自己的统治，接纳了陆贾提出的“逆取顺守，文武并用”的意见，并且结合叔孙通等儒者的礼仪形式。汉武帝则是采用“罢黜百家，独尊儒术”的方式。君王们使用的学说不同，所以不同的学说之间便产生了矛盾，任何一种学说都想拥有“正宗”地位，因此儒术的阵营里便开始了永无宁日的争斗。

虽然说两汉经学有古今之争，但是无论哪一种经学中都带有大量的宗教因素，这也是封建时代的典型特征之一。这种现象不局限于我国，就连其他国家也是如此。为了平息古今之争，人们也曾尝试过将两汉经学放在一起做对比，但是最终发现还是不相上下，古今之争依旧没有办法平息。历史上宣帝和章帝甚至还将经学作为国教，并且要求官员们必须会白虎观，讲议五经同异，渐渐地经学便成了“国宪”。由此看来，经学能够被帝王所用并非偶然，而经学内部发生的矛盾也并非偶然。

汉武帝所采用的“罢黜百家，独尊儒术”的提议表面上看是董仲舒提出的，但实际上是因为当时社会需要才存在的。汉代在政治制度上延续了秦代的县乡亭制，在思想上采用了神学说，将统治者的命令视为天命，用这种思想来麻痹百姓，只有这样，才能够缓解阶级斗争。之所以还会强调阴阳五行，是因为汉代时期国家并不太平，必须用这种学说来粉饰太平，这样一来才能够稳定民心。最后，再利用钦定的方式裁决同异。

如果想要正确地把握这个时期的哲学思想，就不能轻易地将迷信抹杀，这个时期相信谶纬神学的儒者们，绝大多数都想争取正宗地位。汉武帝其实并不是侧重真儒学，他只是想通过文辞来创议宗教文化式的神甫教条。其实，只要稍微分析一下就可以看出，像汉武帝这种内法外儒的政策，即是汉朝时期历代皇帝的心传。

两汉经学今古文之争源于刘歆请立《古文尚书》，终于汉之世，大概经历了四次争议。

第一次为西汉哀帝，刘歆与太常博士之间争立《古文尚书》《左传》以及《逸礼》。

第二次为东汉光武帝，代表“古文”的陈元、韩歆与代表“今文”的范升争立《费氏易》和《左氏春秋》。

第三次为东汉章帝，代表“古文”的贾逵与代表“今文”的李育争立《左氏传》和《公羊传》。

第四次为东汉末桓灵二帝时，代表“古文”的郑玄与代表“今文”的何休争立《公羊传》和《左氏传》。

在这种政治背景下，两汉经学今古文之争渐渐形成。两汉今古文之争的核心问题便是《左传》，争论的焦点在于各派《春秋》的说解问题。汉代时期比较重视《春秋》的意义，是因为在汉代时期主要以《春秋》为理想，也是由于这个原因，才出现了“孔子为汉制法”的说法。一直到了汉代末期，社会中的一些潜在危机才慢慢暴露出来，不仅今文没有了统治的作用，就连古文中的经典也无法起到安抚人心的作用了。东汉经学其实就是经学今古文的融合，当时的思想主流已经渐渐倾向于玄学。

◇第三章◇

玄学大盛的魏晋南北朝

魏晋南北朝时期的哲学特点十分鲜明，哲学主要表现方式为玄学，由于受到政治和经济的限制，当时的哲学以维护统治权力和身份等级为主导思想，用道家的思想来维护儒家的纲常。魏晋南北朝时期的佛教唯心主义盛行，因而哲学上的唯物主义灭神论便与佛教的唯心主义之间产生了矛盾。

玄学大师王弼的“贵无”论

王弼，字辅嗣，生于226年，卒于249年，他曾与何晏一起创建了魏晋时期的新哲学和新经学。他的代表作有《周易注》《老子注》《周易略例》等。

两汉时期一直以儒家“名教”思想作为统治核心，可是经过长期的实践后发现，儒家“名教”中的弊病渐渐显露出来。一直到汉代末期，王符、仲长统等人都对当时的哲学思想进行了批判，农民起义恰恰是对当时政治思想最有力的批判。此时，为了能够有效地提升农民阶级的社会地位，王弼用玄学的形式来论证当时的封建等级制度。

王弼认为，汉朝的立法过于烦琐，很多东西趋于形式化，因此引起了民愤。一些主张礼义的人公开与人争名夺利，百姓之间的争斗也越来越多。一些假名节的人常常被冠以“忠信”之人的头衔。王弼提出如果太看重表面形式，则抓不住根本的东西，甚至还会对社会产生副作用。他所指出的“根本”的东西，是指先秦时期道家提出的“无为”，他认为“无为”才是礼义的根本，“名教”只有以“无为”作为根本才能发挥其作用。

王弼提倡做事要以“无为”的态度为根本，君王们如果看淡名利，那么老百姓就会受到感染，安心过朴素的生活。其实，王弼所主张的“无为”并不是让统治者无所事事，而是通过宣传“无为”来化解社会中的争斗与矛盾。

王弼的哲学中摒弃了烦琐的经学以及谶纬迷信，他不用荒诞的天人感应目的论作为理论依据，而是采用了思辨哲学来探讨宇宙本体的问题，并且将其作为自己的哲学体系核心。他认为“道”是世界万物的本体，他所有的哲学体系也都是从这个方面来论证命题的。

王弼认为，任何东西都有一定的规定性，既是方的，就不能是圆的，是热的，就不能是凉的，所以万有本体就是无形无象的“无”。与王弼同样主张“以无为本”的玄学家何晏认为“无声”就是声音的根本，“无色”就是颜色的根本，每一种事物的根本都是“无”，所以万有的根本也是“无”。王弼和何晏认为的“无”其实并不是真的没有，而是世间万物的无形无象的本体。他们认为正因为没有规定性的“无”，才证明了“有”的存在，促进了“有”的发展。“无”比“有”更加有根本，所以“无”才是万有的“宗主”。

王弼通过“无”和“有”的关系进行抽象分析，并且论证“以无为本”的命题，他认为“无”和“有”的关系是：“有”代表有形有象，“无”代表无形无象，有形有象的东西必须依靠无形无象的本体才能够存在。这便是他的本体论。

魏晋时期，玄学从“辩明析理”方面来探讨世界本原的问题。王弼认为，想要得到统率一切的事物，绝对不能将思想停留在具体物象上，所以他提出了“得意忘象”的理论。他还研究了关于言、象、意之间的关系，其中言指的是语言，象指的是物象，意则是代表事物的规律。

王弼认为三者之间的关系是：语言可以表达物象，而物象可以包含义理，但是语言并不是物象，而物象也不是义理，所以想要得到物象必须抛开语言，而想要得到义理也必须抛开物象。他觉得，语言只是物象的工具，而物象也是义理的工具，因为只是工具而已，所以必须抛开物象才能得到义理。如果太过拘泥于物象的话，就会对义理的认识有所偏差，如果太拘泥于语言，对于物象的表达也会出现偏差。想要把握住义理，必须先忘掉物象才行，只有真正脱离了物象的限制，才能够真正了解事物的规律。

魏晋时期社会动荡不安，当时的哲学家们一直在讨论关于“英雄”的问题，他们认为“英雄”就是统治者，最高统治者被人视为“圣人”。任何时候的剥削阶级都会将人划分为两类，一类是统治社会、教化世人的“英雄”，另一类是被“英雄”统治和教化的老百姓。魏晋时期的“月旦评”就是评价哪一类人更适合当统治者的。王弼在英雄史观的问题上，延续了刘劭的英雄史观。

王弼在著作当中习惯将“圣人”比作统治者，而不是“英雄”，他觉得社会当中统治者是不可或缺的重要主角。他认为“圣人”体无，所以适合当统治者，老百姓应该安分守己，这样才符合“道”的要求。他觉得“圣人”天生拥有超高的智慧，只有这样的人才能够根据“道”来治理国家。由于“道”是无形无象的，所以老百姓没有办法理解，圣人只能通过有形有象的东西来表达“道”。

嵇康与阮籍的社会批判意识

嵇康，字叔夜，生于223年，卒于262年，他以名教和自然关系作为政治思想的核心。何晏一直主张君主无为，高平陵事变之后，司马懿让他负责协助办理曹爽的案子，他原本想用彻查曹爽党羽来获免罪责，但最终还是被司马懿所杀。在他被杀之后，嵇康面临的政治环境也发生了改变。嵇康之所以没有被杀，是因为当时他的官位比较低微，可是他却是一个性格刚直的人，他不愿向司马氏低头，对于司马氏提出的礼教和禅让等问题，他也表示反对。

嵇康继承了王充的唯物主义自然观，唯心主义和唯物主义之间斗争的根源来自天地万物的形成问题，嵇康所在的年代里，王弼和何晏所主张的“贵无”玄学中认为，万物“无”本体，这一说法也得到了大多数人的认可。嵇康的思想由于受到道家思想影响较深，所以他赞同道家思想中“天道自然无为”的观点，但是反对道家的“有生于无”的思想，所以嵇康的世界观与老子和庄子不同，也与王弼和何晏有差异。

嵇康批判迷信传说，注重养生之道，他认为人能够成仙是不现实的，但是通过养生却可以让人延年益寿。他指出，虽然穷人不能够纵欲，但是因为温饱得不到保障，所以不能长寿，而富人之间往往争权夺利，或者服用药物期望能够长生，也会对身体造成损伤。嵇康将服用药物延长寿命的做法视为服用毒药，这是因为魏晋时期人们为求长生而服用丹药而死的人比比皆是。

嵇康的认识论当中以自然认识问题为核心，他认为人们如果要对某些事情进行判断时，一定要先认清事物的本质以及事物的规律性。他觉得判断事物绝对不能依靠感性认识，应该利用理性来判断事物，这样才能够看清楚事物的本质。如果只用古人的话作为依据来推断事物本质的话，那么将会进行永无休止的推论，最终也无法得出正确的认识。

在嵇康的认识论当中，还存在一定的辩证法因素，他将人的认识分为两种，一种是“理知”，另一种是“目识”。他认为有些事物并不是有了正确的方法就可以快速认识它们，认识还需要一定的时间，就好像橡树和樟树一样，它们的外形十分相似，但是需要等到树木长到七年时才能够辨认它们究竟是橡树还是樟树。所以他认为，认识事物必须考虑事物的所有因素，不能主观和片面地认定一种事物。

阮籍，字嗣宗，生于210年，卒于263年，他曾担任步兵校尉，所以人们也称他为阮步兵。阮籍在天地万物本原的问题上表示，天地生万物，而自然生天地，他认为自然囊括了一切，天地也在自然当中，所以说天地和自然其实并没有分别。

阮籍将天地之间万物生长和天气变化的问题看成是一种气的运动，所以他的自然观其实是一元论的唯物主义。他的理论当中也有关于“神”的问题，他认为“神”是天地万物生产的精神物质。虽然他提到了“神”的问题，但是他觉得万物变化并不是“神”主宰的，而是天地主宰的，所以他的自然观主要以唯物主义为主。他对历史发展的看法与嵇康基本一致，他坚信远古一定有一个理想社会。

阮籍批判假仁假义，并且抨击循规蹈矩、喜欢追名逐利的君子，他觉得这些人的行为十分可笑。他厌恶阶级社会的残暴和伪善，崇尚“太素之朴”的社会，他认为只有那样的社会才没有暴君和恶吏，人们才能够过上与世无争的生活，这也表现出他对当时社会的不满。

郭象的“独化论”哲学

郭象，字子玄，生于252年，卒于312年，是西晋末年著名的哲学家，由于他在玄学方面造诣颇高，所以人们还称他为“王弼之亚”。他的代表作为《庄子注》，但是对于他的代表作，人们存在不同的观点，有人认为他的作品是剽窃向秀的，也有人提出他的论点与向秀有所不同。关于郭象是否剽窃了向秀的作品，直到今天也是专家学者们争论的焦点。

“自生独化”说是郭象哲学思想的核心，他反对王弼提出的本体论，并且相对提出了“无不能生有”以及“无不能为有”的命题。关于“有”的概念，他沿用了传统的用法，即“有”是指具体存在的事物，而不是抽象的“无”。郭象认为，阴阳是两种气，也是具体存在的东西，自然则是万物存在的一种状态。

郭象认为“无”其实就是零，而不是一种实体，所以“无”不能代表“有”。他觉得万有的初始阶段是没有物理之形的，所以不能将无形的东西视为有形，更不能说有形的东西是由“无”产生的。由此可见，他并不认同“无”是实体的观点，他觉得无不可能生有，更不可能是有。

郭象对于“有”和“无”的看法与王弼的看法截然不同，他主张无并不是消失状态，也不是本体，“无”只能说明天地万物是自生的，因此他提出了“自生”的命题。“独化”概念是他在“自生”的基础上提出来的，有两层意思。首先，他认为天地万物无论是生成还是变化，都是自然形成的；其次，他觉得天地万物的生成与变化都是独立的。

郭象对于“道”的解释有两种。一种是以宇宙生成论以及本体论为出发点。他认为道是无，所以道不是宇宙的本体，更不是万物的本原。对于道的另外一种解释，郭象觉得道就是规律和规则的意思，世间万物的自生自灭都是道，所以道本身不是实体，而是一种法则或者属性。

郭象在对“道”理解的基础上，又提出了“道不逃物”的理论，他认为世界上没有独立存在的道，任何道都要依赖于具体事物。如果道脱离了事物，那么就等于将道从事物中分离开了，这样一来，道也变成了无所谓的道了。郭象对于“道”的理解也对后人起到了深远的影响。

郭象在谈“性”的时候，喜欢将“性”和“理”联系到一起。他认为“性”是事物与生俱来的，而不是外力强加于事物之上的。“天性”就是自然之性，对于事物来说，“性”是必可不少的，而且不能够自由选择。而且他还强调“理”的必然性，也将“理”视为“命”。

此外，郭象还对生死的问题做出了解释，他用气来解释生与死，他认为形体的产生和死亡都是一气之化，他还将生死看成了“各自成体”的两件事情。他认为宇宙每天都在不断变化，社会也在不断变化当中。

郭象在变化观中以“彼我相因”和“无待而独化”为核心思想，他认为所有相反的事物之间，客观上都是相互依存的关系。虽然事物之间存在着对立关系，但是相反的事物之间也存在着互相支持的一面。另外，关于郭象的“无为”思想，也与老庄的道家主张的“无为而治”截然不同。他认为只要在本性范围内活动，就算作“无为”。

郭象所生活的时代里，绝大多数的人认为名教与自然之间存在着矛盾，如果注重名教，那么势必会对人性造成限制，如果不受名教限制，那么就等同于违反了名教。郭象为了调和名教与自然之间的关系，提出了“圣人”的观点。他所说的圣人是指达到了最高境界的人，也是集名教与自然于一身的人，他指出名教就是自然。所以他提倡将名教与自然联合起来，圣人不用再脱离名教谈自然，只需要根据名教去做就可以符合自然。

追求神仙长生的葛洪

葛洪，字稚川，生于约 281 年，卒于 341 年，是东晋时期著名的道教学者。他博览群书，是一个好学深思的人。葛洪追求神仙长生，这也是他的人生价值观。在魏晋时期，神仙长生思想十分盛行，社会中各个阶层的人都对神仙长生有着不同的看法。虽然也有人会时不时地跳出来唱反调，但是这也足以说明魏晋时期神仙长生的影响力有多大。其实，否定神仙长生的观点，从秦汉时期就已经存在。人们以神仙不死作为反命题，反而将长生成仙的思想推到了社会上流，因而不同论调的人产生了矛盾，彼此不断争论。

人们之所以会追求神仙长生，是因为对生命有着强烈的渴望，在人的潜意识里，对死亡充满了恐惧，人们感叹生命的短暂，流露出对生命的眷恋，这种说法也在很多汉末魏晋人中流传。葛洪主张修仙，他认为只有成仙才能够摆脱死亡。葛洪认为人力能够胜天，所以他乐观地觉得只要能够成仙，就可以脱离自然规律，不用面临死亡的恐惧，因而也导致了魏晋时期的人们提倡及时行乐和神仙长生，这两大社会风潮涵盖了整个社会的各个阶层的人。对生命意义的高度觉醒，也增加了人们对神仙不死的思想的信仰力度。

魏晋时期战乱不断，政治黑暗导致统治阶级出现了内讧现象，人们丝毫体会不到安全感，动荡不安的社会让人们更加惧怕死亡。士大夫们早已经过够了每天担惊受怕的日子，人们都渴望过闲云野鹤、轻松自在的生活，这也给神仙思想创造了传播的机会。葛洪的哲学就在这种社会思潮中萌芽，他对道家的哲学思想进行了批判，他还站在神仙家的角度来批判庄子的生命观。其实，葛洪本身也是一个矛盾体，他一方面批评老庄，但是另一方面他还引用和改造道家的思想范畴。由此可见，葛洪对道家思想采取了加工改造的方法，并用此作为自己的哲学原料。

葛洪其实并非是一个只求成仙的人，他所提出的理论中也有关于建功立业方面的内容。他追求精神解脱和肉体飞升，他希望实现儒道互补、仙圣双修的境界。为了化解仙与圣之间的矛盾，他将仙与圣之间的关系规定成道先儒后以及道本儒末。为什么他要将道放在儒的前面呢？这是因为他认为黄老的理论既可以治理社会，又能够长生，而且比尧舜周更加全面，所以道应该在儒的前面。可是，他为什么要说道本儒末呢？这是因为从“道”的角度来看，儒家只不过“治其末”而已，而黄老却抓住了根本，因而道本儒末的说法是成立的。葛洪认为，在道教和儒家的矛盾当中，道教是矛盾的主体，人应该以修仙为主，但是不能不管世事，必须像黄帝一样仙圣两全才行。

葛洪在给道儒做定位时，还将道儒之间的差异详细进行了说明。相比之下，道比儒更加优越，所以道被认定为“祖宗”也是顺理成章的事情。虽然葛洪确立了道的地位，但是他并没有要抛弃儒家的意思，他没有否定儒家思想的价值，他只不过是将儒家思想的地位看作次要的而已。他认为，只有摆对了道儒的顺序，人才不会本末倒置，人生才不会出现错位的问题。

葛洪确定了道儒在人生中的价值后，又设法调和仙圣之间的矛盾，他对世人说："仙圣之间并没有根本的冲突，两者之间完全可以合为一体。"为了调和两者之间的矛盾，他还提出道儒兼用的思想。道儒合一就是他的理想人格，而他的人格榜样就是他的老师郑隐。道儒合一的思想还体现在葛洪的生命伦理观和政治思想上，这也体现出他对汉代道教的继承和发展。他的生命伦理观与汉代的道教哲学如出一辙，同样都是道儒结合的产物，他一面主张修长生之道，另一方面解决积善立功的问题。

积善立功中的"积"与数量有关。葛洪认为善积累得越多，升仙的地位将会越高。他觉得积善和除恶之间关系密切，只要做了一件恶事，那么之前的善事就等于白做。他认为虽然成仙与服用丹药有关，但是积善如果未满，即便服用了大量的丹药也毫无意义。如果不服用仙药，只做善事的话，即便不能够成仙也可以免去灾祸。葛洪所提倡的积善，渐渐地成了道教解决生命问题的关键。

葛洪的政治观与道教的哲学如出一辙，他主张身国同治，治理身体，人可以长寿；治理国家，天下可以太平。这也是他的人生境界。他认为治身的地位要先于治国，这也是俗人心理的表现，他觉得治身和治国也分轻重缓解，想要治国，必须先解决生命短暂的问题，所以治身要优于治国。由此可见，葛洪的哲学与他自己的境遇有关，他的人生价值观与他所处的年代的士大夫一样。他的人生观立足于道，却是由儒入道，他想要超越人生的困境，用自己的理想方式生活，这也是他的哲学内核。

佛教的流传与“六家七宗”

魏晋时期，随着玄学不断兴盛，佛教也逐渐走向了盛世。在当时，佛教般若学被视为主流佛教，在最初时，中土人士对于般若学的内容并不理解，僧人们为了能够让人们更加理解般若的义理，于是用与般若义理十分相近的老庄思想来表达，这种表达方式是中山竺法雅提出的“格义”。中国佛教的发展过程是独立的，由于佛教学者对于般若学中所提到的“空”的理解不同，所以逐渐形成了“六家七宗”，每一家对于“空”的理解都有所差异。

慧远，生于334年，卒于416年。13岁时，他便开始了游学生活，学习过老庄和六经。21岁时，他找到当时的佛教领袖道安，拜他为师，学习佛教。他与道安在一起25年，成了道安最喜爱的弟子。后来他又来到庐山居住，一住就是三十几年，他收徒讲经，成了有名的南方佛教领袖。

慧远所主张的哲学思想，在中国佛教史以及中国的哲学史上都具有非常重要的地位。他弘扬佛教经典，继承道安的遗志，组织人们译经，并且还亲自为译文写序，他的行为促进了毗昙学的发展，同时也推动了小乘禅法在我国南方的发展。

慧远还是一个十分善于交流的人，他喜欢与各界人士聚在一起广传佛教，这对佛教的发展也起到了关键作用。他与当时社会上层的统治者关系密切，超脱的态度和超高的声望也让统治者对他尊重有加。他提出的“五时教判”被视为南方教判的核心，他为我国的佛教发展和形成都起到了推动作用。

慧远的哲学理论大致有三方面。一方面是“法性”本体论。他认为只有超脱世俗，才能够真正地解脱。另一方面是关于因果报应论以及神不灭论。最后一方面，他提出了“佛儒合明论”。他提出佛教和儒家的出发点以及发挥的作用都有所差异，但是归根结底，两者之间存在着互相影响的关系，而且两者最终目的是一致的。

慧远的佛教思想以般若学为中心，他在哲学问题上一直坚持“法性”本体论。自从佛教进入我国之后，对我国人民的传统宗教思想也产生了很大的影响，僧侣们将佛教说成了与封建社会崇尚的“长生”类似的宗教，用这种方法来传播佛教思想。慧远觉得这样宣传佛教思想是不正确的，所以他将佛教宣传的“长生”思想，改为“法性”说。

慧远主张的“法性”本体论其实是为了更好地宣传佛教，他所提出的“法性”本体，实际上是为了论证佛教出家和出世的教义。他认为“法性”就是佛教中所说的“涅槃”，人一旦进入了“涅槃”境界，就说明已经成佛。他还分别从“法性”“涅槃”“佛”的角度来说明佛教的本体。

慧远所主张的佛教思想，主要是教人不要对物质产生欲望，不要对生活提太高要求，更不要去观察现实和认识现实。他的佛教思想对当时的百姓起到了安抚作用，消除了百姓对当时社会的不满。慧远所提出的报应不仅仅是一世的说法，比现报更加有威慑力，而且重点是避免被人们检验证伪。慧远的佛教思想，推动了我国江南一带的佛教发展，也对我国佛教发展产生了深远影响。

道安，生于314年，卒于385年，他曾经拜佛图澄为师，是北方著名的佛教领袖。他所提出的“本无宗”观点主要包括两方面，一方面是世界的本体是“无本”，另一方面是人必须认识“无”的本体，只有这样，才能够达到解脱的境界。

道安认为般若学中的“空”，并不是指外界的万物和内心都是空的，而是指内心没有杂念，这样才不会对外物产生观想，所以他提出的“心无宗”的重点在于空心不空色。他所提出的“即色宗”中的“即色”是指存在于本体之中的去体认空，空是指色自身的属性。他所提出的观点，与般若学正宗对空的教义已经十分接近了。

僧肇，生于公元 384 年或 374 年，卒于公元 414 年，他是鸠摩罗什的弟子，有着“解空第一”的称号。他认为世间万物都是因缘和合而成的，所以世间万物的根本性质是“自虚”，所以并不是真实的；可是世间万物又不会因为不真实而不存在，不真实其实也是一种存在的方式。为了论证万物的“不真”，他还从缘起、名实以及不执着几个方面分别加以论证。

此外，僧肇还从般若观照的角度出发，去阐述“不真空”这一说法，他觉得般若的智慧同样可以观照不真，而且他认为“空”与“不真”其实是统一的。僧肇反对魏晋时期中土佛教中把“空”解释为分离色心，他觉得这种说法比较偏颇，所以他提出“即体即用，体用一如”的本体论，他纠正了魏晋时期中土佛教的割裂主客观，成功地将佛教般若学与玄学融合在一起，并且在抽象的思维中让它们达到了另一个新的高度。

道生，生于 355 年，卒于 434 年，他是慧远的老师，他提倡“一阐提迦也可成佛”的思想，他认为即便是断了善根的人，也可以成佛，这种说法却遭到了当时人们的反驳，甚至有人将他的学说视为异端邪说。可是《大般涅槃经》传入我国之后，经书当中提到的“一阐提迦也可成佛”使之前备受质疑的道生一下子成了人们崇拜的对象。

道生的“顿悟成佛之说”，对后来的华严宗以及禅宗都产生了深远的影响。此外，他所提出的“善不受报”，是希望人们可以远离忘报的心，只有这样才能够有善，这是他独创的思想。独特的佛教思想，让他成了我国佛教史上的知名高僧。

南北朝时期，我国佛教稳步发展，随着越来越多的佛经传入我国，我国也相继出现了很多专门研究佛经的佛教学派，这也是我国佛教宗派的雏形。由于佛教发展迅速的关系，也让儒、释、道之间的矛盾愈演愈烈。南朝时期，佛教与儒和道之间的争论十分激烈，矛盾中心在于神灭神不灭以及夷夏观念问题。而在北朝时期，北魏太武帝以及北周武帝的反佛思想甚至还引出了灭佛事件。虽然说灭佛事件看上去是对佛教的一次沉重打击，可是恰恰因为这次灭佛事件，佛教的发展速度反而越来越快。

◇第四章◇

三教并进的隋唐五代哲学

隋唐五代时期，我国儒家、道家、佛教齐头并进，隋代时期，王通曾经提出过要将儒、释、道三教合并在一起的理论。唐代初期，唯物主义者们开始反对佛教，并且对风水、卜宅等迷信进行批判，可惜这类唯物主义者势单力薄。佛教宗派哲学在寺院所建立的物质基础上以及封建统治阶级的强烈拥护下得到了进一步发展。

隋唐五代时期，我国经济发展迅速，良好的经济基础也推进了科学文化的发展，因而天文学、地理学、医学、数学等方面也随之发展起来，唯物主义哲学逐渐壮大，但由于唯物主义以及无神论思想与迷信思想之间矛盾不断，因此隋唐五代时期哲学一直围绕着这个矛盾展开。

隋唐时期的唯物主义观

吕才，生于约600年，卒于665年，曾担任过太常博士、太子司更大夫等职务，他是一位博学多才的人，通晓历史、乐律、阴阳等方面的知识。他所著的《叙宅经》是专门用于批判建筑住宅的选向问题。封建社会按照迷信的说法，习惯在建筑住宅时先选择一个好的方位，而古时候人们习惯根据人的姓氏来选择住宅方向。吕才认为这种方法十分荒谬，于是他在书中批驳了这种迷信思想。他所著的《叙禄命》是批判通过算命可以推断人的贫富贵贱、生命长短一说。为了证实自己的观点是正确的，他还将鲁庄公、秦始皇、汉武帝等人的生辰八字作为例子，按照算命的方法推算后发现，与史实并不相符。

此外，吕才所著的《叙葬书》当中的内容，对封建的丧葬制度进行批判。他一生中写的著作都与批判封建思想有关。为了能够让人们摆脱封建迷信思想的束缚，他引证儒家经典对封建迷信思想进行批判。唐太宗还命他将《阴阳书》当中关于人生禄命、葬地风水、住宅方位等问题进行校正，这对当时的社会也产生了不小的影响。

进入唐朝之后，佛教和道教逐渐兴盛起来，尤其是佛教思想给人们的思想产生了很大影响，让人们的思想中又多了新鲜的动力，对于天人关系的认识上，也让人们有了全新的观点。卢藏用继承了前人的唯物主义传统，并且吸收了佛教和道教中的思想，对于“天人观”也有了全新的认识，并且对其意义进行了全新的阐述。

卢藏用，字子潜，生于约 656 年，卒于约 713 年，曾担任魏州司马、尚书右丞、吏部侍郎等职。他的著作《析滞论》中主要阐述了天与人事之间的关系，并且对卜筮以及祷告等一些迷信行为进行了揭露和批判。文章中以客人发问的形式引出论题，再用主人回答的方式来论证命题。在天人关系方面，他一方面坚持重人事的观点，但是另一方面他又没有完全对天道的作用进行否定。他认为天也有意志，天会辅助一些有德的人，对不善的人将会降下灾难。

李华，生于约715年，卒于774年。历史上记载他在开元二十二年（734年）时中了进士，并且在天宝年间担任监察御史、吏部员外郎、侍御史等职。他的一生中著作非常多，是我国古代古文运动的先驱者之一，他所著的《卜论》当中，对神学迷信的思想进行了反驳。

《卜论》当中主要是对龟卜迷信进行了批判。在我国古代时期，龟卜是一种古老的迷信活动。古代时期，人们将龟、龙、凤、麟视为四灵兽，而在这四种灵兽当中，只有龟是现实生活中有的动物，而且被人们视为长寿的象征。李华认为，既然龟是人们崇拜的灵兽，那么如果用龟壳进行占卜的话，岂不是将灵兽杀死，让它的精气消失了吗？如果是这样，那么人们怎么可能从已经焦朽的龟壳当中得到神明的启示呢？龟作为灵兽都难逃一死，那么它又怎么可能用神意去启示人呢？而且将龟杀死也不符合明、德、序、吉凶的，所以用死龟壳来占卜什么都得不到。

为了证明龟卜只是一种迷信思想，他还在书中详细讲述了关于迷信形成的过程，比如说古时候人们祭祀时，会采用尸体来祭祀，但是到了战国时期后，这种残忍的祭祀方式被取缔了。古时候，当钟鼓器械被制成后，还需要在其表面涂抹牲畜的血，据说这样可以起到避鬼的作用，但是现如今人们也将这一迷信行为取缔了。由此可见，任何“妄作”行为都不是一开始就有的，也不会永远都存在，所以龟卜也只不过是一种迷信行为而已，自然也可以将其取缔。

李华站在儒家不语怪力乱神的观点上去批判龟卜，因为当时科学并不发达，所以他没有办法利用科学常识向世人解释龟卜是一种迷信行为，他也没有辩证唯物主义的理论可以作为参照，所以他在对占卜进行批驳的时候，并没有否定鬼神一说，他不否定鬼神的存在。

◎隋唐佛教的四大宗派

魏晋南北朝时期的混乱场面在隋唐时期逐渐被平息，而佛家各派也得到了进一步发展，由于隋唐时代的统治者利用佛教的宗教思想来统治百姓，并且大力弘扬宗教思想，所以这给佛教宗派的产生与发展奠定了良好的基础，这个时期出现了四大宗派，即天台宗、华严宗、法相宗以及禅宗。

天台宗是我国佛教史上第一个宗派，因为创始人智顗生活在天台山而得名，又因为天台宗以《法华经》为主要经典，所以该宗也被叫作法华宗。

天台宗主要是为适应当时社会发展才应运而生的，它是建立在南北方佛教的基础上形成的具有中国化的佛教宗派。之前，各种宗派的学说都有矛盾之处，而天台宗则将各种矛盾进行调和，再对不同的学说融会贯通，最终形成了三个方面。

第一，天台宗主要以《法华经》为“宗经”，在此基础上又提出了“会三归一”的理论，即将不同教义以及传统文化思想“会归”到天台宗当中。

第二，智顗提出“止观并重，定慧双修”，并将它视为修行的原则，他认为修行中这两者缺一不可。他将止观双修作为天台宗的宗风，这也意味着天台宗将我国南北方佛教融合在一起，为以后佛教宗派的发展也奠定了基础。

第三，天台宗思想体系的建立主要是通过判教形成的。所谓的判教是指判别和判定佛教中的各种经典的地位及意义，再根据本宗的理论体系对其他各宗派的思想进行整理和安排，达到抬高本宗地位的目的。

智顗一生收了很多弟子，他的弟子对他都尊敬有加，始终都陪伴在他的身边，协助他完成创宗的各项事宜，并且延续了他所主张的宗派思想，对中国学术思想的发展也产生了深远的影响。

法相宗的创始人是唐代著名的玄奘法师。玄奘一生都在做与佛教经典有关的翻译工作，一生当中翻译了约 1335 卷经论，他翻译经论时一直保持严谨的态度。他所创建的法相宗取消了主观与客观之间的对立关系，将主观方面视为纯精神，将哲学的问题说成不是主观和客观的关系问题，而是单纯的主观作用，而在主观方面起作用的也不是生理和心理活动，而是精神作用。

佛教哲学中人的主观认识能力以及作用只有六种，而法相宗则有八种，除了有眼、鼻、耳、舌、身、意之外，还有末那和阿赖耶。其中阿赖耶是最重要的一种认识，因为它是另外七种认识的根本，它能够主宰其他七种认识，所以也称为“心”。

法相宗通过原有的佛教唯心主义世界观进行发展，认为八个识通过自己变现认识对象，才能够起到认识的作用。主观和客观发生关系并不能产生认识，法相宗认为人们认为的外界和对象并不是主观认识的外界和对象，而是自己所认识的变现的“相分”。

法相宗认为第八识阿赖耶才是主宰，即便人死了，其他七种识都会相继消失，而阿赖耶却永远不会消失。佛教一方面坚决反对灵魂不灭的有鬼论，可是另一方面却主张不灭的灵魂，这为佛教的因果报应提供了依据。法相宗的认识学说当中，主张主观唯心主义，可是其中第八识的出现，又是一个永恒的存在，所以说法相宗又是客观唯心主义。

创建华严宗的人是法藏，他是唐朝第一个开创重要宗派的人。该宗派奉《华严经》，因此得名华严宗。华严宗认为，只有主观认识对象和作用发生关系，才能够产生幻想。该宗派将客观世界的物质基础取消了，而且将认识结果硬说成“幻想”。虽然在该宗派中也出现了主观和客观的字眼，但是这里的客观指的是主观化的“客观”。该宗派认为，人们认识的现实世界只不过是一种“幻想”而已，所以将客观事物的存在进行了否定。

华严宗利用“法界”来打乱唯心主义和唯物主义之间的界限，其中“法界”一词的含义，与现代资产阶级的唯心主义哲学当中的“存在”的意义十分相似。“存在”的范畴涵盖很广，可以是规律、原则、物质、心灵，等等。唯心主义在“存在”这个问题上，先肯定了“存在”，但是又抽空了“存在”的内容。华严宗认为，所谓的“真法界”就是一种纯精神性的，客观世界没有物质基础。

华严宗在认识论上推动了我国哲学史的发展，但是他们却用颠倒的唯心主义世界观来看待所有的事物，这也让他们看待事物的角度出现了扭曲，所以他们并不能深刻地认识问题，更不能接近科学，反而会在反科学的道路上越陷越深。

作为我国佛教史上最重要的流派之一的禅宗，不仅影响了我国宋代理学，还被传播到朝鲜和日本等地。禅宗的创始人是慧能，禅宗的影响力遍及中国。禅宗相较其他宗派并没有优越的条件，而且禅宗本身也没有很多“理论”，因此避免了与其他佛教宗派的抗衡。禅宗提倡主观唯心主义，并且提出了“放下屠刀，立地成佛”的学说。

慧能希望人们能够坚持自己的主观信仰，并且相信自己的内心，只有这样，才能够真正地获得解脱。他认为所有的人都有佛性，也都具备觉悟的主观信念。他觉得人想要解脱，绝对不能从外界寻找原因，要从自己的内心寻找原因。

禅宗告诉世人，不要一直追求超现实世界的自由和平衡，更不要对现实世界提出不合理的抗议，一切的痛苦根源其实都是来自自己认识的错误，只有自己的思想改变了，并且接受佛教提出的基本原理，才能够真正地解脱。

道教哲学中的重玄学

隋唐时期的统治者们为了巩固自己的统治势力，大力宣传佛教，与此同时也推崇道教，道教甚至成了唐代时期的国教，道教哲学的代表人物是成玄英以及司马承祯。

东晋后，重玄学逐渐成为道教理论，到了唐代初期，道教哲学已经成了当时社会理论的主要形式，成玄英是重玄学中最具代表性的人物。成玄英主要通过注疏老庄的形式来阐发重玄学，同时也延续了老庄的哲学理论。

隋代末期至唐代初期，我国佛教义学正是盛世，而此时的成玄英正在京城学习和研究佛学理论，因此他的重玄学与佛教中的三论宗理论之间有着密切关系，他的哲学理论既涵盖了佛学理论，又涵盖了佛学的思维方式，这让他的哲学理论自成一派，独具特色。

成玄英认为“道”是中国哲学的基本范畴，所有的哲学家基本上都围绕着哲学的基本范畴来表达自己的思想。道家哲学当中，“道”是最高的范畴，同时也是道家哲学中的中心概念，道家认为只有“道”才是天地万物的根本。成玄英将“道”解释成“理”，将《道德经》当中的“道”推到了“理”的层面当中。他认为“道”与“物”不同，“物”的认识是不可靠的。辩证唯物主义中认识对象是指具体事物，而具体事物当中包含了现象和本质两个层面，想要认识主体必须通过感官先认识事物的现象才行，想要认识事物的本质，必须通过思维来认识才行。

此外，成玄英还利用佛教理论，将“物”视为主观幻想出来的产物。他还特意强调了认识主体对认识对象的影响，故意忽略认识内容其实是来自客观对象，这也让人们陷入了主观唯心主义。他抹杀认识的具体事物的价值，导致具体事物脱离了认识的“理”，这也让他的理论陷入神秘直观论当中。

成玄英延续了僧肇的认识思想，他将人的认识能力分为两种，一种是“凡情妄虑”，另一种是“圣智”。虽然说他的认识思想与僧肇的十分相似，但是也有不同的地方。成玄英提出的“凡情妄虑”以及“圣智”并不仅仅代表认识能力，其中还包括道德实践能力。他认为凡情和圣智的区别主要是有欲和无欲。凡情和圣智在认知方式上也有所不同，凡情以“知”为特征，而“圣智”是以“照”为特征。凡情和圣智获得的认识也有所不同，成玄英认为之所以对象会有所不同，是因为认识能力有所差异。

“虚忘”是重玄学的核心。所谓“虚忘”，是指排除人的主观执滞，只有排除了成见才能够如实反映认识对象。成玄英的哲学认识论主要继承了老庄的道家理论，他否定了理性认识和感性认识的价值，强调道家哲学的认识论意向，从而形成了特有的道教哲学理论。

司马承祯的修道理论主要集中在他所著的《坐忘论》中，他认为“坐忘之法”在学道之初时，必须先安坐，收心离境，才是修道的关键。他认为“收心”先要“安心”，虽然心中会有营求的事情，但是不能生得失之心。由此可见，司马承祯的“坐忘之法”重点在心。

如果将“坐忘之法”与《周易》进行比较的话，会发现两者之间竟然有类似的性质，但是司马承祯提出“坐忘之法”时，却对《周易》毫不了解，因而他的著作《坐忘论》也为我国生命科学做出了贡献。此外，一些道学理论是在对孔子的“尽性知命”说丝毫不了解的情况下形成的，这同样是对生命科学做出了贡献。假设道学没有正确地推向“尽性知命”和“性命无为”说，那么可能我国的生命科学架构就要出现偏差，而且我们现在所看到的中国文化史也会出现偏差。

我国上千年的文化历史，虽然主要以儒学为主，但是在生命科学理论方面丢失了孔子所提出的“尽性知命”理论。两汉之后，人们将孔子的思想定义成“仁”，这本身就是一个误区。孔子的“尽性知命”的生命科学理论一直到今天才被人们正确认识，认识到“尽性知命”的学说也对我国文化发展起到了重要的意义。

被长期忽略的哲学大家李筌

李筌大约生活在唐玄宗时期，他一生都在研究道教的经典，著作有《阴符经疏》《孙子注》《太白阴经》。其中《阴符经疏》当中有很多宗教神秘主义思想，是道教中重要的经典，而《太白阴经》中则有很多军事辩证思想。他曾经担任节度判官和刺史，但是一直以来他的哲学思想没被人们重视，所以他也是我国哲学史上一位被人们长期忽略的哲学家。

关于宇宙起源的问题，李筌用唯物主义思想做出了解释，他认为天地主要是由阴阳两气组成。轻而清的是阳气，所以阳气上升形成天，而重而浊的是阴气，阴气下沉后形成地，阴阳能够生五行，而五行可以生成万物。五行分为金木水火土，五行相生相克。他认为只有认识天地、万物与人之间的关系，才能够顺应自然，这样才能够获得吉福，如果违背自然之理，就会招来凶祸。

李筌批判迷信阴阳五行思想，他表示只要是贤能的人，即便是不选择黄道吉日也会取得胜利，如果法令明确，不必占卜吉凶，结果也会圆满。他对国家兴衰是绝对不能逆转的宿命论提出了批判，他认为只要能够“乘天之时”，春种、夏长、秋收、冬藏，物尽其用，就可以有利于生产，这样即便是弱国也可以变成强国，所以贫富并不是与生俱来的。

他提出，这世界上没有因为灾难和疾病导致贫穷的，贫穷都是因为过于奢侈和懒惰；这世界上也没有一夜暴富的人，那些富贵的人都是靠勤奋和节俭才能够累积财富。在治理国家方面，他提出依法治国的思想，按照功劳给予奖赏，按照罪行给予刑罚。他认为只要做到赏罚分明，不徇私舞弊，国家就可以兴旺发达。另外，在用人方面，他主张人尽其才，要发挥个人的专才，才尽其用。

由于古时候条件有限，所以在战争中地形是制胜的关键。但李筌并没有陷入地形决定论当中，他提出在地形被选定的条件下，要充分利用人的主动作用，这样才能够取得战斗的胜利。

李筌认为，双方在对战时，不要随意进入到敌人的领地，更不要在敌人的领地中停留；战斗时不要选择对双方都有利的地形作为战场；不要隔离对战双方都可以去的“交地”；不要包围各国的交界处；一些防守比较严密的城市，只能抢掠物资，不能够攻陷；在山林和沼泽地带时，一定要快速通过；在地形比较险要的地方，即便敌寡我众，敌人也可以轻易地将我们消灭，因此在这种地方作战时一定要利用谋略；如果陷入了不战斗就要死的地方时，一定要拼命战斗。由此可见，地形可以对战争胜利起到决定性的作用，所以作战时一定要先考虑地形的问题。此外，李筌还认为即便地形问题考虑周到，也不一定会打胜仗，因为还要考虑人的因素。其实，在战斗中起决定性作用的并不是地形，而是人。

在当时，社会上流行着一种形而上学以及唯心主义的观点，人们认为某些地方的人比较勇敢，而某些地方的人比较懦弱，人们觉得人的勇敢和懦弱都是天性，因为地域差异，所以不能被改变。可是李筌却觉得这种唯心主义观点没有任何依据，因而他列举了大量史实对先天人性论进行了批判，并且明确指出这种说法的不正确性，他认为人的勇敢和懦弱都是后天形成的。

《孙子兵法》中指出，在战斗时不能轻易相信敌人，因为敌人都是不可靠的，而李筌则延续了《孙子兵法》中的这一思想，他认为古时候有很多对敌人讲仁义的事情，可是最后都没有落下好结果。

李筌觉得要根据敌人的特点探究敌人的内心，他的军事思想主张发挥人在战斗中的主观能动作用，他认为天师保佑不了无道的昏君，同样地利也不能够拯救灭亡的国家。地势可以改变，只要人们可以努力，就可以化险为夷。

他还认为人没有天生勇敢和天生懦弱之分，胆怯、懦弱的人通过刑罚的规定也可以变得勇敢，而勇敢的人通过奖赏也会变得更加勇敢。他通过《孙子兵法》中的内容提出了很多有关地形的作战方案，与此同时，他还发挥用兵的军事思想，按照敌人的特点将敌人分为“勇士”“智士”“不肖”“仁人”“愚人”以及“好财”六种类型。另外，他还根据敌人的经济地位和知识才能将敌人分为“愚者”“智者”“富者”“贫者”“贵者”“贱者”“勇者”以及“博者”八种类型。他根据不同类型的敌人，制定不同的作战方法，力求争取到战争的主动权。他提出用兵一定要制人，而不是被人所制，争取到战争的主动权后，可以扬长避短，充分发挥己方的优势，更有利于在战斗中抓住战机。如果在战斗的过程中总是犹豫不决，则很容易失去战机，让敌人有机可乘。

由此可见，李筌的唯物主义自然观和辩证的军事思想都在强调人的主观能动作用，他提出的论点对我国古代认识论和方法论影响很大，他所提出的观点比一般的哲学家更具唯物主义因素。

中唐时代的儒家理论创新

南北朝时期，我国佛教、道教纷纷进入了鼎盛时期，而儒家则停滞不前。虽然当时也有很多儒家理念的学者没有放弃，并且坚持为儒家经籍做义疏，可惜传世的经籍依旧很少。到了隋唐时期，儒家才渐渐兴起，在这一时期，出现了很多儒学大家，例如韩愈、柳宗元等人。

韩愈生于768年，卒于824年，是我国唐代时期著名的哲学家、文学家，同时也是儒家“道统”的先驱者。

唐代时期，佛教和道教盛行，当时的统治者唐宪宗本身也是一个十分迷信的人。韩愈却是一个很排斥佛教和道教的人，对迷信也十分反感，甚至还上疏皇帝进行劝阻，他还列举史实告诫皇帝信佛教未必能够长寿，历史上也有很多佛教信徒英年早逝。唐宪宗见到韩愈的上疏后，不仅没有打消迷信佛教的念头，反而差一点将他斩首。

韩愈心中十分排斥佛教，他认为佛教不可以相信，希望可以取缔佛教，恢复儒家传统。他认为只有儒学思想才是正宗，只有用儒学思想来教化百姓，才能够提升百姓的品性和修养。在人性的问题上，韩愈既不赞同孟子的性善说，也不赞同荀子的性恶说，而是赞成董仲舒的性三品说。

韩愈主张的“性三品”说当中，将人分为上、中、下三个等级，其中上等人是指善且有道德的人；中等人指的是既善也恶，道德并不完全的人；下等人是指性恶且没有道德的人。此外，他认为人性也有三品，上品是指仁、义、礼、智、信兼具的人，中品是指五德参差不齐的人，下品是指五德不全的人。

虽然韩愈的“性三品”说是典型的封建制度的人性论，但是他却不主张消灭所有情欲，他认为只要人们将情欲控制在一定的道德标准上即可，他所提出的观点是对佛教灭情见性的批判。他的这些理论与后来的先天之性和后天之情之间既有联系也有矛盾，所以也为后来的“存天理、灭人欲”打下了基础。

韩愈的一生都在反对佛教，他的目的是希望能够让儒学成为正统，但是他本身却对儒学没有什么贡献。他提出“师道”一说，希望人们可以学习圣人之道，他反对嫉妒和怠惰的学习态度，他认为这种态度是学习的敌人。他觉得学习就要学有实用，不能空学，所以他希望人们可以学习办事能力。这也是他提出的“思行”之见。

柳宗元，字子厚，生于773年，卒于819年。他出生在一个官僚家庭中，自幼就十分聪明，21岁那年考取进士后开始从政。他曾经与王叔文一起主张政治改革，并且任命老将军作为军队的统帅，最终成功夺回了军权；他取消了很多苛捐杂税，并且让一些宫女回家和家人团聚，这也让宫廷的开支减少了很多。

他所提出的政治改革对当时的宦官和军阀都是不小的打击，而他的政治改革也是建立在顺宗皇帝的基础之上，只可惜顺宗皇帝还是太子的时候就已经半身不遂，所以他在继位后半年的时间，就将自己的皇位让给了宪宗皇帝。宪宗皇帝与顺宗皇帝不同，他只听宦官的话，对柳宗元这些提倡政治改革的人十分贬斥。不久后，柳宗元便被贬到永州，不久后又被贬到柳州，前后共14年时间，他一直遭受迫害，最终死在柳州。

柳宗元在被贬期间并没有放弃自己的信仰，反而写下了很多抨击天命论神学历史观的文章，并且用哲理散文来阐述自己的唯物主义无神论观点。他继承了王充的元气自然论，认为世间万物都是由元气组成，万物的变化也是由元气决定的。他觉得元气中有阴阳二气，宇宙的变化与阴阳作用有关，而阴阳二气无穷无尽，天地也无边无际。

柳宗元在社会历史观方面对“推天引神”说予以驳斥，他还反对神学天命论，他认为人类社会的发展是一个自然过程，所以在这个发展的过程中，人的主观意志出现转移是必然趋势。他的这一观点也对后来的思想家产生了一定影响。另外，在唯物论方面，他主张朴素的唯物主义。他并不是一个彻底的无神论者，他对佛教的某些思想表示赞同，这与当时社会的发展趋势有关，在经济、政治、文化都有所限制的年代里生活，彻底的无神论者十分罕见。

◇第五章◇

新儒家理学的兴盛与衰落

宋元明清时期，由于人们受到封建专制制度的限制，导致民族矛盾和阶级矛盾更加激化，这也让当时的哲学思想又提升了一个高度。宋元明清时期，我国的哲学思想主要以理学为主，最早理学思想起源于北宋，南宋时期得到了进一步发展，元明清时期则形成统治地位，但是到了清代中叶之后，理学渐渐走向衰落。所以说，这个时期的哲学开创了我国哲学史的新时代。

宋代新儒学：宇宙论观

宋代时期的宇宙论者当中主要以周敦颐、邵雍以及张载为代表。其中张载认为宇宙万物的根源都是“气”，所以人与万物原本就是一体的，因此人与人之间应该像亲兄弟一样。人应该尽孝道。他还将宇宙比作人的父母，让人们要像孝敬父母一样来孝敬宇宙。这就是他所主张的宇宙论观点。

周敦颐，号濂溪先生，生于1017年，卒于1073年。在很久以前，有一些信奉道教的人画了很多让人费解的图画，用图画的方式来表达道教的秘传，而他们相信能够得到这个秘传的人一定可以得道成仙。传说中，周敦颐手中就有道教的秘传，而他却将秘传修改成自己设计的图案，用此来表达宇宙的演化过程。

儒学和佛教之间无论是精神追求还是修养方式，都有所不同，佛教的最终目的是让人如何修炼成佛，而新儒学的最终目的是教人怎样能够成为一个圣人。佛教中的成佛与儒学当中的圣人也有本质上的区别，想成佛必须在社会和人世间之外提高自己的精神修养，而想成为圣人则需要在社会关系之内提高自己的精神修养。如何成为圣人是当时新儒学的主要问题之一，而周敦颐却用“主静”来解释这个问题，他认为“主静”就是一种“无欲”的状态。新儒学当中的“欲”是指私欲、自私。

周敦颐认为只要心无欲，那么心就犹如明镜一样，那么任何事物都可以客观地反映对象。这就是周敦颐指出的如何成为圣人的方法，其实他所提出的方法就像禅僧方法一样，讲究“自然而生，自然而行”。

邵雍，号康节，生于1011年，卒于1077年。他认为宇宙的发生过程是天地生于动静，而天则分为阴阳，地则分为柔刚。他将阴阳柔刚称为四象，其中阴阳又被分为太阳、太阴、少阳、少阴四种，也就是我们所说的日月星辰四种，也叫作天的四象。他还将柔刚分为太柔、太刚、少柔、少刚四种，这四种即是水火土石，也叫作地的四象。他认为日月星辰的变化会导致世间出现昼夜和寒暑的交替，而水火土石的变化则会引起天气变化，所以这八者便是产生万事万物的根源。

邵雍还将宇宙的发展过程归结成“象”和“数”的演化过程，与此同时，他还认为世间万物的本体其实都是由“太极”演化而来。他还推演出太极演变为两仪，两仪演变成四象，因而四演变成八，八演变成十六，十六又演变成三十二这种神秘的数系统，他还用这种系统来阐明宇宙的形成过程。

邵雍还利用天干地支中的“十”以及“十二”相加减或是相乘的方式来解释天地四象的变化，进而推演出世间万物的变化。他认为这些数目的变化正是天地万物的变化，世界历史的变化也是根据数的原则来变化的，所以他将世界的开始和灭亡叫作一元。他还按照这种方法推算历史的兴衰，他的这种观点是典型的从无生有的唯心主义。他在政治上反对改革，他认为政治改革不仅没有好处，反而会有害处，他觉得政治改革本身就是有违天道。

张载，字子厚，生于1020年，卒于1077年，他是我国北宋时期著名的哲学家，同时也是宋代理学的奠基人之一。北宋时期至清代，新儒学在我国成了一种主流文化，也被后人称为理学或者道学，张载便是新儒学的开创者。

张载的家在关中，他开创学派后也以家乡命名，叫作关学。他所创建的关学并没有政治力量的支持，而是通过特立独行的学术风貌以及规模宏大的思想系统确立了学术宗师的地位。他的著作被后人视为理学经典，后人对于他的学术十分尊崇，南宋时期叶适、陈亮等人都对他的学术给予了高度赞扬。

张载提出的以气一元论为基础的哲学体系也是建立在自然科学的基础之上的，他认为天地万物都是由气组成的，当气消散的时候则叫作“太虚”。所谓“太虚”，实际上就是气的本体，也就是事物本来的状态，世间万物都是从本体中发出来，在事物的发展过程中，气会聚也会散，但是气不会增加或者减少。当气聚集在一起时，人们是可以看得见的，所以被称为“有”；当气消散的时候，人们就看不见了，所以被称为“虚”。他所提出的理论也让我国古代以气为本的宇宙论更加系统化、哲学化。

张载是一个崇尚自然科学的人，他一生中都在研究地理、生物、天文、历法等科学，并且以气一元论作为基础，形成了自己特有的天体运动理论。此外，他还提出了“一物两体论”，他将事物的动力都归结于阴阳对立与交感。他的这一理论阐明了宇宙万物的矛盾现象，并且指出事物内部的对立统一的特征。

自古以来，我国以气和阴阳为主的哲学家不占少数，但是以气为基础建立的宇宙本体论的张载绝对是第一人。他是北宋新儒学的一代宗师，也是我国哲学史上第一位建立气一元哲学的唯物主义哲学家，他对我国传统文化做出了杰出的贡献。

新儒家：二程的“洛学”思想

二程“洛学”的创始人是程颢和程颐两兄弟。程颢，字伯淳，生于1032年，卒于1085年。程颐，字正叔，生于1033年，卒于1107年。他们的老师是周敦颐，因而他们继承了周敦颐的唯心主义理学。因为两兄弟长期生活在洛阳的缘故，所以两个人创建的学派被称为“洛学”。

二程兄弟从小喜爱读书，他们的一生都在不断传道授业，收了无数弟子。程颐20多岁时就开始收弟子，教授学生学习儒学，后又与程颢一起联手创建了洛学。洛学的学风与两汉时期的儒学有所不同，过去儒生们只会每天研究儒家经典，而洛学却主张学生追求精神实质，体会儒学经典的奥秘。他们提出学以致用，学而不用，学了等于没学。

两个人培养了一大批理学人才，追随他们的弟子有很多，在众多的弟子当中，谢良佐和杨时尤为出名，两个人对洛学做出了极大贡献，同时也对洛学的传承起到了至关重要的作用。程氏两兄弟一生的著作有很多，后来由杨时精选，将兄弟二人的语录进行整理，编写成了《粹言》。

从哲学角度来看，理学一直都是以探究宇宙自然和人生的问题为中心，并重点探讨社会人生问题，宇宙自然在儒家学说中并没有受到足够的重视。理学的创始人也将重点放在人道问题上，他们从形而上学的高度去论证“圣人之道”，目的是让天道和人道能够统一，所以理学更加注重天人关系。

二程的学说核心是“天理”学说，天理也是二程学说中的最高范畴，二程习惯将天理称为“理”。韩非此前已经提出过关于“理”的概念，而与二程同一时期的周敦颐、张载等人也都提出过“理”的概念，但是他们所提出的“理”都不是最高范畴。

二程提出的天理论更加有层次，他们认为理是超越时空的精神实体，同时也是世界万物的根源，理是气的根本。万物能够“气化”只是事物的表面现象而已，而在表面现象的背后还藏着一个“理”。他们认为理是自然和社会的最高法则，同时他们还将理视为封建伦理道德的总称。只要在人际关系中都各安其位，各尽其实，人的一言一行都要符合封建伦理的道德标准，只有这样，才算作合“理”。

二程提出“格物致知”的理论，他们将道家的道德修养论与自己的认识论联系在一起，他们认为认识是为了明理，而明理就是道德修养。他们还将“格物”解释成“穷理”，他们觉得人们心中本来就有“知”，只要人们用心反省，就可以认识到真理。在“格物致知”的方法上，他们讲究内求，只要心中明理，就可以穷尽天地的理。

二程认为每个人心中都有“知”，只是人们的“知”无法轻易表达出来，所以必须经过“格物”才能够将深藏在内心的“知”发扬光大。他们的认识论还是偏向于唯心主义，他们提出了从量的累积到质的飞跃的思想，但是他们所提出来的这一思想并不是通过贯通后的归纳，更不是科学的抽象，他们这种思想来源于直觉思维，与佛教禅宗的“顿悟”有些相似。

虽然说二程的认识论有一部分是唯心主义，但是其中也不乏合理因素。在学习方面，他们强调要和前人学习经验，这样才能够学到智慧。二程的认识论与他们的道德修养密不可分，但是认识论并不是全部的修养论。他们认为人需要通过不断反省才能够体验天理，通过不断认真修养才能够成为至善的圣人。

二程所提出的人性论主要是为地主阶级服务，他们虽然名义上是反对佛教，可实际理论中吸取了大量的佛教唯心主义和僧侣主义。在人性论方面，二程提出了“天理”和“人欲”之间存在的对立关系，他们觉得生性与气禀也是独立关系。

二程肯定孟子的性善说，而且在孟子性善说的基础上，又更加深入地说明了性善，他们提出“性即是理”的命题，他们认为善恶问题并不是人性论中唯一的伦理问题，他们还将这个问题提升到了唯心主义本体论的高度。

他们吸收了佛教的唯心主义佛性学说，用唯心主义学说来阐明封建社会的人性证据，他们表示世间万物都不能违背权力的制约。理才是万物的根源，性也是理的表现，而性只能是善的，不能是恶的。

集理学大成的朱熹

朱熹字元晦，生于1130年，卒于1200年，他是我国封建社会中的博学之士，同时也是孔孟之道的传播者，是我国著名的唯心主义哲学家。

朱熹继承了各家的思想，并将所有的思想融合在一起，组成了一个全新的哲学系统。在他的哲学系统中，核心范畴就是“理”，也被人称为“太极”或者“道”。朱熹认为理要先于社会现象以及自然现象的形而上者，理是所有事物的规律，也是伦理道德的标准。朱熹又将理称为太极，他认为理是天地万物的总体，太极同样包括天地万物，所以万物就是整个太极。每一个人都有一个太极，每一个物也有一个太极。人和物的理都是抽象的，但是他们的理都是完整的。

同时，他认为“气”在自己哲学范畴中排第二位，气是形而下者，气具有造作和凝聚的特征，气是万物的重要质料，世间万物都是质料和理的产物。另外，他还认为理和气之间分主次，理可以生气，所以理为主，气为客。

朱熹认为动是阳，静是阴，其中又分为金木水火土五气。朱熹觉得事物的对立让事物产生了无穷的变化，他探究事物形成的原因，并且将静止和运动看成一种连续的过程。时空具有无限性，而动静同样具有无限性，动静也是密不可分的，这就是朱熹的辩证法观点。

朱熹还认为，动静虽然互相排斥，但是也具有相互统一性，他还将运动的稳定和变动两种形态称为“变”和“化”，他觉得顿变之中隐藏着渐化，而渐化当中也蕴含了顿变，只有渐化逐渐累积，才能够达到顿变。

朱熹还从《大学》中选取“致知在格物”为命题进行探讨，他希望通过这个命题来探讨认识领域当中的一系列理论问题。关于认识究竟是怎么来的，朱熹虽然一面讲人生而有知的先验论，但是也不忘认同见闻之知。

他在探究认识论时，反复强调穷理离不开格物，所以物才是穷其理。他探究知行关系，觉得知在先，行在后，其中行重，知轻。

从知识的层面上来讲，知在先；如果从社会层面上来看，则行比知重。

在人性论方面，朱熹赞成张载的天地之性以及程颐的气质之性的观点。他认为无论是天地之性还是天命之性，都是指理而言的，而气质之性是指以理与气杂而言的，其中有善也有不善，两者都表现在人的身上。

与天命之性和气质之性有关联的还有人心和道心理论。朱熹认为道心出自天理或者性命之正，而人心则出自形气之私，主要是指饿了吃东西，渴了喝水之类。他认为，虽然圣人不能够做到无人心，但是不以人心为主，主要以道心为主。他认为人心和道心两者之间既有矛盾，也有关联。因为道心需要通过人心才能够安顿，所以说道心和人心之间的关系是主从关系，人心必须听从道心。

由此可见，朱熹从心性方面出发，主要探讨天理人欲方面的问题。他认为人心都有私欲，道心才是天理，所以他提出了“遏人欲而存天理”的主张。但他并没有否定人对正当物质的欲望，而是反对超出生存条件的物质欲望，即反对佛教提倡的无欲。

朱熹的哲学体系当中不乏一些关于美和艺术的理论。他认为美是一种美感的形式，同时也是道德的善。他认为美是外在形式和内在道德的统一，在此基础上，他又更进一步地探讨了有关文与道、文与质的和谐统一。

此外，朱熹还多次提到了关于“乐”的问题，他将“乐”和“礼”联系在一起，并且将乐纳入了礼，用此来维护统治秩序。朱熹在“文”和“道”的关系认识上，以及哲学思辨的深度都已经远远超越了前人的认识。他对《楚辞》和《诗经》也有很深的研究，这表现出他对审美具有敏锐的洞察力。

朱熹是我国封建时期儒家的代表人物之一，他在“理学”方面主张“三纲五常”，用驯化百姓的方法来实现封建社会的统治。他的这种体系的形成，对中国的传统文化产生了极大的影响。他所提出的“理学”让中国文化更加重视伦理和道德，也将我国传统文化精神推向了另一个新的高度，形成了十分复杂的文化效应。他所主张的学术思想，在我国元明清三代都产生了深远影响，也成了我国封建统治阶级的官方哲学，让我国封建社会的意识更加完备。

象山心学与朱陆争辩

陆九渊生于 1139 年，卒于 1193 年，他出生在一个没落的地主家庭，曾经做过地方官吏。他是唯心主义者，主张本心具有善和美的道德，他认为服从封建秩序就是服从本心。虽然他说自己是继承了孟子的道统，但是总体来看他受到佛教禅宗的影响更大。

陆九渊的思想体系当中主要以“心即理”为主，所以被人们称为“心学”。他认为东海、西海、南海、北海是指宇宙空间，所以可以称为“宇”，而千百年的历史代表着时间，所以称为“宙”。他觉得在宇宙当中，心和理是统一的。他反对朱熹的心与理为二的说法，他强调心和理是合一的，理不在心之外，而是在人心里，只有人的心活动，才能够感知世间的万物，才能够知晓万物的理。

虽然陆九渊一直反复强调心理是合一的，但是他也提出必须通过人心的活动，才能够意识到理的存在，后来演变成了王守仁所提出的“心外无理”。他认为圣贤之心与自己提出的心是一致的，只不过圣贤之心提出的时间比他早而已。他自认为自己是孟子的心学继承人，但实际上他却是一个彻头彻尾的主观唯心论者。

陆九渊一直强调心理合一的说法，但是在哲学范畴当中，心和理是不同的。为了能够弄清楚“心即理”的命题，他在自己的学说当中对“理”的范畴定下了三层含义。首先，他认为“理”代表宇宙本原；其次，他认为“理”是自然和社会的总规律；最后，他认为理是封建社会的政治、伦理、制度的最高标准。同时，他还将心的范畴定下了三层含义。首先，他认为“心”是人的根本；其次，他认为“心”是人的道德观念；最后，他认为“心”是宇宙的本原，这一点与“理”是一致的。

在陆九渊的哲学体系当中，他认为理和心都是宇宙的本原，同时也是封建伦理道德的本体，由此他推论封建伦理道德存在于天地之间，人们遵守伦理道德是理所应当的事情。

陆九渊的认识论和修养论都建立在主观唯心主义的基础之上，他认为想要了解宇宙的奥秘，不需要向外追求，只要向内反省就可以，能够做到认识本心就可以获得宇宙的知识和道德修养。他还认为本心是上天赐给人的，所以无论是认识上还是道德上，都需要自存本心才行。他觉得本心就是真理和自我认识，同时本心也是至善和自我觉悟。

陆九渊嘲讽朱熹的学问。他表示自己的学问虽然看上去比较简易，但是同样可以长久坚持。他认为本心是在内不是在外，所以他想要培养人们对封建主义思想的信心。他提出，如果人的本心不明确，那么学的知识越多，人的错误就越多。

陆九渊提出的格物是指加强人的封建道德教育，并不是让人多读书。他所提出的自存本心的方法，其实都是从佛教禅宗中演变而来的。可是陆九渊却认为他所提出的哲学理论与佛教完全不同。纵观他的哲学理论，基本上都与封建社会伦理关系有关，他所提出的哲学理论与韩愈等人所提出的哲学理论十分相似。

因为宗教形式的哲学理论一直被人诟病，所以陆九渊并没有将自己的哲学理论用宗教形式表现出来，这样做是为了更好地维护封建社会地主阶级的权力。

所谓的朱陆争辩是指朱熹和陆九渊之间的争辩，他们二人所主张的哲学理论是相对立的。朱陆争辩对宋、明两代的理学家都产生了很大影响，使他们分为了两派，一派是主观唯心主义，另一派是客观唯心主义。从1176年开始，他们之间的争辩演变成公开形式的争辩，随后他们又对无极和太极的问题展开争辩，到1190年，两个人的争论一直都没有达成一致，双方各持己见，他们的争辩具体有以下几点：

1. 虽然陆九渊和朱熹在世界观方面都是唯心主义者，但是陆九渊认为“心即是理”，所以他代表着主观唯心主义学派，而朱熹则认为“性即是理”，所以他代表着客观唯心主义学派。

2. 陆九渊和朱熹在人欲方面的见解也有所不同。陆九渊认为天如果是理，那么人就是欲，人有欲望很正常。而朱熹则认为必须克制人欲，这样才能够存天理，所以他主张要克人欲。

3. 朱熹和陆九渊在无极和太极的问题上也存在分歧。朱熹认为无极而太极，所以无形而有理，太极就是形而上的道。陆九渊却认为太极就是理，而心也是理，所以讲太极离不开心，他也否定了太极之上有无极的说法，他不赞同朱熹主张的理。

4. 在治学和修养方法的问题上，朱熹和陆九渊也持不同观点，他们还就这个问题展开面对面的争论。朱熹认为想要做圣贤，必须从格物开始，逐渐获取知识，贯通后才能够成为圣贤。陆九渊却认为人能成为圣贤，首要条件是占有地主阶级的立场，如果立场不坚定，即便学习再多知识，也只能被敌所用。

其实，朱熹和陆九渊之间的争论明显反映出当时社会内忧外患的政治局面，实际上他们两个人的观点并不是真正的势不两立，他们之所以争论不休其实是为了麻痹更多的人，消除人们的反抗意识而已。虽然两个人用心良苦，可是他们最终还是没有挽回南宋灭亡的命运。

◎知行合一的王守仁

王守仁，字伯安，生于1472年，卒于1529年，他是我国古代的主观唯心主义哲学家，他希望通过自己的哲学理论来巩固封建统治势力，希望可以挽救政治危机。

南宋时期，陆九渊建立了较为完整的主观唯心主义哲学体系，王守仁在他的基础之上又更加细致地将这个体系发展起来。一直到了明朝末期，主观唯心主义已经成了封建社会的主导思想。

在明代中期，一些人将朱熹学说视为获取名利的一种工具，王守仁批判当时这种不良的社会风气。他认为人如果一味地追求名利，很容易导致阶级矛盾，想要化解阶级矛盾，必须从人心入手，用主观唯心主义代替原有的客观唯心主义。可是当时朱熹的学说被视为正统思想，想要正面反对朱熹学说是极为困难的一件事，所以王守仁只能从朱熹的著作中寻找有关主观唯心主义的理论，证明朱熹也是主观唯心主义者。

王守仁与陆九渊一样，都受到了禅宗的主观唯心主义思想影响，所以他反对禅宗逃避社会关系的做法，他认为忠孝原则就是天性，所以不能够逃避。在宇宙观当中，王守仁继承了陆九渊的思想，他认为宇宙便是心，而心就是宇宙。在物与心的关系上，他认为人的身体主宰着心，意由心所发，意原本就是知，所以意也是物。

王守仁认为客观事物的产生是因为人的意念，他还将这种理论进行了夸大，这样一来，主观意识变成了真实存在，而客观事物则变成了意识体现。此外，他还将身、知、意、心、物都说成了一件事，这导致了身和心、心和物之间的关系变得混乱。他认为客观事物与人的感觉是分不开的。

王守仁所提出的哲学理论都是站在地主阶级的立场上的，他认为农民起义是大不仁的行为，所以由此可见他所提出的哲学理论其实都是为封建统治阶级服务的。

王守仁的主观唯心主义被他的弟子概括成了“无善无恶是心之体，有善有恶是意之动，知善知恶是良知，为善去恶是格物”，这四句话也被后人称作“王门四句教”。他认为心外是无物的，所以认识的源头并不是客观世界，而是在人的内心当中，心是认识的主体，也是认识的对象。

王守仁提出的“良知”是指天地造化的根本，在本体论方面，心是事物的本原；在认识论方面，心是评定是非的标准。他提出无论是真理还是谬论，用客观实践都无法验证，只有人的主观良知才能够决定是真理还是谬论。他将所有事物都归为“良知”，按照他的说法来看，心是良知的本体，所以心是无善无恶的，由心产生的意志也没有善恶，所以人都摆脱不了私欲，必须采用“致知格物”的方法来克制私欲，这样心体才能够保持不变。

王守仁所提出的“致知格物”有以下几点含义。首先，他认为心外无理，所以心外无物；其次，他认为“格物”假设是格事事物物的话，那么天下所有的事物是不能完全被格尽的，所以格事物是一件徒劳的事情；最后，他提出的“格物”说，其实就是想要实现封建“天理”，是一种增强封建道德修养的手段。

他认为只要人们的“良知”得到满足，那么人就不会再有身外的追求，如果身外的追求得不到，内心也可以弥补缺失。

王守仁早年就已经提出了“知行合一”的学说，他所提倡的“知行合一”学说，同时也是他所提出的“致良知”的一种方法。他提出“知行合一”主要目的是反对朱熹所提出的“知先行后”学说，也是为了解决道德认识以及道德行为的问题。

首先，他认为知、行由心而生。他将行视为知的一种表现形式，他曾说过："当人们看到好色就会自然产生美感或者爱慕之心，这就是知，同时也是行；当人们闻到了恶臭时，就会产生恶感和厌恶的心情，这也是知，同时也是行。"他这样说是为了否定知和行的差别，目的是让知能够代替行。他认为人在产生爱慕心或者厌恶心的时候，都有一定的客观原因存在，可是人还没有从实际行动中表现出自己的爱慕心或者厌恶心的时候，爱慕心或者厌恶心就只能算作是主观感情或者是思想动机。

其次，他还认为"知行合一"的标准是"致良知"，知代表着"知天理"，行代表着"行天理"。如果知不以"良知"为准则的话，那么只能算作"悬空思索"。如果行不以"良知"为准则的话，那么只能算作"冥行妄作"。

关于王守仁的"知行合一"的唯心主义性质，我国著名的唯物主义哲学家王夫之对其给予了肯定，但是否定知是通过行才获取的。虽然他们之间有的观点并不统一，但是都在知的范畴之内。

李贽的反权威思想

李贽，号卓吾，生于1527年，卒于1602年。他与王守仁是同一个学派，都是唯心主义者。他与王守仁不同的是，他与封建正统思想做对抗，他所主张的进步思想与封建正统思想之间矛盾不断，所以他的著作常常被人焚毁，但即便这样，也依旧有传世的著作留下来。

明朝末年，我国的社会矛盾不断激化，因而李贽所代表的反道学也逐渐形成了特有的思想体系。他在思想上受到了何心隐的影响，他批判诸子百家的传统，希望能够寻找到自己学术形成的历史渊源。

在思想学术方面，他贬孔子，让自己的地位处于“异端”，他与王守仁的学说有本质上的区别。李贽的老师是王襞，所以他是泰州学派的继承者，与王守仁并不是同一个学派。他佩服罗近溪的学风，经常赞扬罗近溪，尤其是罗近溪的平等思想。

明朝中期，我国长江和东南沿海地区逐渐有了资本主义的萌芽，虽然还没有到震撼封建主义的程度，但是社会因此产生了矛盾，李贽也从中受到了影响。李贽的家乡在泉州，他家族里的几代人都从事海上活动，所以他的思想逐渐倾向于资本主义。

李贽在思想方面反对封建社会的教条，他对封建特权拥有者们存在着抵触情绪，反而与普通百姓走得很近，这也是他那么反对封建思想的根源。

李贽的哲学思想不仅仅体现在他那些与形而上学十分相近的著作，而且隐藏在他著作当中的那些社会思想里。从他所提出的平等说、个性解放说、个性自由说以及他写的文学评论中，都不难看出他的思想十分进步。他在评论历史人物时，轻而易举地将迷信破除，并且给出自己的独到见解。不过想要理解他的哲学思想，首先要理解他的认识论和世界观中所含有的积极因素。

李贽的哲学思想当中充满了平等、尊重、自由的精神。他认为人与人之间都是平等关系，每个人的个性都有所不同，每个人都会有自私的欲望，为了能够趋利避害，谁都会变得自私。他认为吃饭和穿衣就是人伦物理，享乐或者能够正确理解个人利益都是合理的，这就是人的道德基础。他的这些思想论点都与反对封建等级和封建特权有关。

客观唯心主义从南宋开始，一直到明朝，统治时间长达四百余年。上到朝廷，下到百姓，都认同唯心主义理学，并且宣扬“天理”。人们认为“天理”就是万物的根源，所以必须顺应“天理”，不能违背“天理”。李贽却批判官方御用的学者，他提出哲学根源还有“道在事外”。他对程、朱二人提出的“理在气先”的说法提出了反对意见，他认为“气”和“理”是对抗关系。

虽然他也是一位唯心主义者，但是他却批判唯心主义的本质，他提倡将气与理放在平等的位置上。他所提出的唯心主义观点，让他不再停留在二元论的结论。他认为，所谓的“太和”和“乾坤”只是一种抽象的概念，并不是物质的实体。他指出了客观唯心主义所提出的太极或者理是万物根源的观点是错误的，但是他也没有提出一个正确的说法来代替这个错误的说法。

李贽认为用国势的强弱来判断真理的是与非太过片面，因为历史上有很多强大的王朝都是因为暴君无道而灭亡，所以不能因为国家的强大而认为真理就在那一面。李贽对佛教有着很深的信仰，他全面接受了佛教禅宗的主观唯心主义世界观，是一位主观唯心主义者。虽然他反驳客观唯心主义，可他的言论却只能作为唯物主义者的参考资料，并不能够对客观唯心主义造成致命打击。

李贽反对特权阶级，为了能够打击儒家和道家的特权地位，他写了很多具有批判性的文章。他不是盲目地崇奉经传，而是通过自己的裁量来评量圣贤的经传，他这种做法表现了对封建主义的反对态度。

李贽在当时具有一定的影响力，他散发出来的批判锋芒将儒教经典、道学家们的锋芒都掩盖了，但他本人却没有表现得十分神气。他首先对儒教经典和一些儒学圣贤进行批判，这种做法就是挖根掀底，有一种擒贼先擒王的架势。他对六经以及《论语》《孟子》都抱着一种轻蔑的态度，他说圣人的言语只是因病所发的药石，这种说法直接否定了六经以及《论语》《孟子》的经典地位，将经典教义的特权推翻了。

李贽对孔孟经典的评论充满了讽刺的意味，他将孔孟经典的神圣外衣剥去，让经典变为平常，甚至将经典说成愚蠢和可笑。他善于抓住圣贤们文字中的一些小漏洞，并用诙谐的语言进行讥讽。对于孟子的学说，李贽则更加直接地批驳了他关于表彰墨子的理论。李贽斥责道家对孔子的盲目崇拜，讽刺道家如同一群只会乱叫的狗。他还将孔子和老子放在一起作比较，他认为两者的地位没有谁轻谁重之分。

封建社会为了能够统一百姓的思想，统治者用孔子理论中的是非作为判定真理的标准，并用孔子理论去衡量一切。李贽认为这是一种愚昧的行为，他反对这种独断的态度，并提出了无定论、无定质才是是非，是非的关系是相对的。他反对用孔子理论来作为评定是非的标准，但是他没有摒弃是非，而是提出了要用自己的时代精神去代替孔子的时代精神。

李贽还对韩愈创立的道统说进行尖锐的抨击，他批判道统说存在捏造的问题，并根据人无不载道、道无不在人的观点进行批判。道学的代表人物程颐和朱熹也是他嘲弄的对象，因为程颐和朱熹都是反对打击统治阶级的权威，他们拥护钦定标准，而李贽反对钦定标准。李贽为诸子百家翻案，否定儒家权威地位，他认为六家的地位都应该是平等的。他嘲笑道学家，并对道学家的丑恶行为进行揭露，他指出道学家表面上看自命清高，可实际上内心却惦记着高官厚禄。道学家虽然讲的是道学，但是目的却是得到富贵，他批判道学家是道貌岸然的猪狗。此外，他还反对文武分途，认为轻视武官是没有根据的，他认为文官在军事上无知，所以让文官去指挥武官是不合理的做法。

李贽从不同角度用各种不同的方法去评量历史人物和事件，表明自己独立的见解。但他也是一个拥有爱国热情和反抗民族侵略精神的人，他对岳飞、虞允文等人都给予了正面肯定的评价。

拥有战斗精神的戴震

戴震，字东原，生于1724年，卒于1777年。他出生在一个小商人的家庭，早年跟着家族里的长辈经商，后来弃商从文，后半生他主要以教书为生。1762年，他在乡试中了举，晚年时期曾担任过《四库全书》的编修官。他是我国著名的学者，同时也是一位拥有战斗精神的唯物主义哲学家。

清王朝建立之后，为了能够麻痹百姓的意识，巩固统治阶级的地位，统治者采用了程朱理学作为统治理论，此外统治者还加大力度提倡脱离实际的汉学，汉学甚至成为乾隆时期和嘉庆时期的主要学术。烦琐的汉学学风成功地冲淡了人们的斗争意识，在汉学学风的束缚下，戴震却通过文字，利用唯物主义思想，大胆批判程朱理学，揭露了程朱理学当中“以理杀人”的反动本质。

戴震反对朱熹提出的“理生气”的客观唯心主义观点，他用“气化”的观点来阐明自己的唯物主义。他认为“道”才是实体实事，此外他还进一步解释了“道”的本质，他将道解释成阴阳五行之气。

戴震认为“道”是可以感觉到的物质，他这种行为是用唯物主义观点来反驳“道在器先”的唯心主义观点，他认为物质无时无刻不在变化，天地本身就是一个气化的过程，是生生不息的。他还认为宇宙中的万物都是在“气化”的过程中产生的，并且在“气化”的过程中获取特有的性质。他将“气化”的过程视为天地万物的生成过程，他认为这种过程具有一定的规律性，所以过程才能够连续不断。

根据这种唯物主义自然观，他还对程朱理学进行了进一步的批判，他抨击“理生气”是谬论，他认为“理生气”的本质就是神学唯心主义。为了证明自己的观点是正确的，他还指出程朱的错误根源在“理”上，认为程朱故意夸大了脱离事物独立存在的实体。他觉得“理”只是事物存在和发展的一种规律而已，根本不是产生世间万物的本原。他认为作为儒家正统的程朱理学，故意将“理”夸大，说理是天地、人物、作为的规律，将理转变成了独立存在的精神实体，这说明程朱理学是唯心主义理学。

戴震认为人的感觉才是认识的出发点，所以声、味、臭、色这些都是客观存在的，人的耳、鼻、口、目等一些感觉器官也都是客体，它们是和主体内外相通的门户。他认为人的感觉是通过感官接触外界事物的刺激才产生的，客观事物是感觉的对象，也是感觉的内容，还是感觉存在的客观基础。

此外，他又进一步说明，感官和思维器官，即“心”，二者的作用是有差异的，他提出耳目口鼻能够接触事物，但是心却能够与耳目口鼻相通。也就是说，人的感觉器官虽然能够接触外界的事物，但是需要依靠“心”来认识事物，“心”具有认识事物和辨别事物的能力和作用。他认为，虽然“理”是事物的“理”，但是理却是客观的，所以理是不存在于人心当中的。戴震提出的这个观点其实是在反驳程朱理学所提出的“天理具于人心”的客观唯心主义观点，同时他所提出的观点还成功地驳斥了陆王提出的“心即理”的主观唯心主义观点。

另外，戴震还认为，只有对客观事物进行分析后，才能够得出客观的真理。为了不让客观真理与个人主观意见混淆，他还特意将二者加以区分。他指出，人们都承认的就是真理，如果没有被人们一致承认，那么就可以被认为区别于真理或者是错误的谬论。他所提出的这个观点对反对宋明理学具有一定意义，但是这也再次证明了，他其实不懂实践才是检验真理的标准，所以他所提出来的这个观点也是不正确的。

戴震的认识论中存在一些缺点，主要缺点在于他一直在强调认识上有一个不变的准则以及“万事皆准”的抽象定理。他的认识论之所以会存在这些缺点，是因为他片面夸大了真理的绝对性，并且否定了真理的相对性。他强调“心之明”，因此他所提出的观点当中依旧存在着知先行后的唯心主义观点，这也说明了他的唯物主义思想并不彻底。

戴震对于程朱所提倡的“存天理，灭人欲”的说教持反对态度，他主张“理存于欲”的伦理观。他认为宋儒所提出的“人欲”其实就是饥寒愁怨和饮食男女，这只是“性之欲”，是养生之道而已。他认为如果要灭人欲，那么人将无法继续生存下去。

他认为“理”和“欲”之间的关系是相辅相成的，凡事都必须有欲才行，如果无欲就是无为，那么有欲才能够有为。换句话来说，人想要有所作为，必须有“欲”作为推动才行，人们所有的追求都跟欲望有关。根据这个理论，他驳斥程朱理学是唯心主义的“理学”，揭露程朱理学的危害，并说明程朱理学具有“以理杀人”的罪恶。他认为“欲”是人的养生之道，所以根本不可能根除“欲”，他还指出理学当中所提倡的“理欲之辩”的目的其实就是想把所有人都变成“欺伪之人”。

戴震还指出了他所处的时代封建统治阶级的罪恶，他这种行为彻底揭露了理学当中的反动本质，他的行为也表现出了他的唯物主义者的战斗精神。他希望圣人能够治理天下，体恤百姓，采纳民意，他觉得这才是王道。他的这种观点在当时具有历史的进步性，但是如果从情欲的角度出发来观察政治措施的话，他所提出的观点依旧是唯心主义观点。他没有从根本上提出改变封建制度，所以他所提出的观点等于空谈，属于主观主义的幻想，他的观点是无法实现的。

◇第六章◇

清代的近代哲学思潮

中国的传统思想真正得到转变是在清代时期。我国清代时期，儒林兴旺，学术相比之前也更加丰富，新说迭出，所以哲学思想也有了进一步发展。该时期的哲学思想主要集中表现在龚自珍、康有为、孙中山等人的身上，他们所提出的观点充分反映了清代的主流思想。当今学界对于康有为、孙中山等人的观点争议颇多，尚无论证。本章着重介绍龚自珍的近代哲学思想。

龚自珍与中国近代哲学革命

龚自珍，字瑟人，生于1792年，卒于1841年，他的哲学思想洒脱，思想来源却十分复杂。他的思想一方面来源于经学传统，他钻研《春秋公羊传》，批判专制统治并且阐明变法思想；另一方面与他少年时期的经历有关，他少年时期就对佛教思想十分感兴趣，所以经常翻阅佛教典籍，在这种思想背景之下，让龚自珍的思想形成了既有锐意进取的一面，又有孤寂无奈的一面。

信仰是人类思想的基石，龚自珍的核心思想便是“心力”。他之所以强调“心力”，与他的佛教背景有极大关系。他对佛教的信仰和研究伴随了他一生，也对他的思想产生了很大影响。佛教把世界比作心的产物，否认世界并且将人的精神赋予本体地位。龚自珍利用佛教发愿的方式来表达自己的心愿，他认为在面对丑恶的现实和罪恶的人生时，应该发挥人的主观努力去改变这样的人生。

虽然龚自珍一直强调用佛教的慈悲来感化众人，但是他在这方面并没有创见，他强调佛教心愿力量，其实是对他所提出的心力说具有极大影响。由于有来自佛教的“发心为先”的观点，所以他才能够在面对残酷的社会现实时，果断提出“心力”的主张。他认为“心力”就是人的精神世界，也是人的信仰，如果一个人没有自己的精神追求，没有信仰，那么这个人注定只能当一个庸人。他认为，无论人的人生目标是什么，信仰是什么，都应该有追求。他还认为，无论做任何事情，人们都必须有强大的精神承受力才行，而这种强大的精神承受力的来源就是人的信仰。

推崇“心力”其实就是推崇人的主体力量，也是表达人本主义的一种方式。龚自珍认为主宰人的不是道和极，而是“我”，他认为“我”就是人的主体，“我光”就是人的意识，“我力”就是人的实践，“我理”是指人的思维和理性，“我气”是指人的生命。他认为这才是人的主体性，是人创造了世界，而不是世界创造了人。

龚自珍对于主体性的强调，还表现在人对物的支配和改造能力上，他认为人需要借助物质的力量。无论是人的生命还是身体，都是意志和愿望需要借助的物质力量，这足以说明龚自珍是一个强调精神对物质和肉体起支配力量的人，但是他却没有否定物质力量起到的作用。

龚自珍虽然一直强调“心力”，但是他却不反对遵从社会和历史规律。他对历史规律的看法与唯物主义结论相差甚远，但是他却为政治变革提供了理论依据。他认为历史是有规律可循的，“道”就是历史的体现，所以通过考察历史就可以认识“道”。

他认为只要将历史事实作为出发点，探求历史的规律就可以找到真理性的认识，由此看来想要认识真理，必须从总结历史和研究历史着手。但是，对于历史并不是谁都能找到真理性的认识，想要寻求真理性的认识必须借助精神和理性的力量才行。他认为无论是研究历史还是记录历史，都是一份神圣的事业，所以不能够只依靠操作语言对历史人物做出褒贬。

他认为想要研究历史，首先要掌握充分的历史资料才行，历史研究要以事实作为依据。历史资料与历史资料之间一定要有所联系和规律，想要研究历史必须善于从资料里寻找资料之间的联系，就像人们在看戏一样，无论演员们表演成什么样子，作为观众都要保持冷静的观赏态度，做出正确的评价。他认为只有这样才能够研究出历史的规律，才能够受到尊重。

龚自珍的理想是平均主义的大同世界，所以他在追求理想的过程中，不断探索社会历史的发展规律。他所提出的“道”不仅含有理想的意义，还具有规律的意义。他的理想原则包括意志和愿望，而且他认为历史规律是不会根据人的意志发生转移的。

循环论观点是我国古代哲学的特点，在我国还没有接受西方进化论思想的影响之前，中国人几乎是没有进步观念和发展观念的，而龚自珍同样如此。虽然他没有提出发展观，但是他却崇尚变化，他认为历史无时无刻不在变化。在他的心中，一直有对未来的憧憬，他希望自己能够参与到社会改革当中，他渴望通过改革实现自我价值，这也表现了他追求心灵自由和人性解放。

想要改革一个时代，必须涌现出一些变法方面的人才才行，可越是濒临衰亡的国家，越是阻碍了人才的成长，所以龚自珍在主张改革变法的同时，也不断呼唤人才产生，他抨击腐败的社会制度。

龚自珍认为自己正生活在一个衰世当中，君主周围的文武官员都没有才能，学校里也没有有学问的人，在农村也没有能干活儿的农民，在工场里也没有能工巧匠，市场中更没有精明的商人，即便是一些犯法的人，他们所做的事情也都是低水平的，他认为当时的社会是一个没有希望的社会。他认为原本人们并不是没有才能的，而是当社会中出现了有才能的人，他们的思想就会立刻被束缚起来，才能也被扼杀掉。

他提出，能够扼杀人的才能的方法有很多，不仅可以从肉体上进行扼杀，还可以通过道德文章和功名利禄方面来扼杀人才，后者扼杀人才的方法是无形的，所以很难被人们察觉出来，人们无法感受到它的存在。也是这种无形的扼杀方式才能起到强大的扼杀作用，将人的精神世界摧毁。龚自珍所提出的“心力”，正是对这种扼杀方式表现出的深切感受。

正因为龚自珍觉得这个衰世已经成了不争的事实，所以他想要改变这种可悲的社会状况，于是他提倡变法，并且呼唤人才。他对人才的呼唤和对美好未来的憧憬，从他的著作《病梅馆记》中就可以充分体现。书中的内容表现出龚自珍对当时的社会规范十分不满，希望能够解放自由。他的思想是中国近代哲学革命的起源，对我国哲学史有着重要意义。

PART 2

智慧与真理的火种：古代和中世纪西方哲学

◇第一章◇

希腊早期的哲学先驱们

西方哲学史始于古希腊。当时哲学、科学和宗教之间，历史和神话之间没有明显的界线。公元前6世纪，哲学家们突破虚构的神话，开始思考关于世界本原的问题，划分不同领域的界限，理性讨论人与自然的问题。他们的学说通过自然现象的本身来解释世界，营造了理性思考的氛围。早期的希腊哲学家被后人视为哲学的先驱。

伊奥尼亚学派：探讨世界本原

约在公元前585年，伊奥尼亚学派成立，又称米利都学派。米利都是古希腊殖民地小亚细亚地区的城邦，是东西方的交通枢纽，地理位置得天独厚。商人统治逐步取代传统贵族统治，促进了商业繁荣。东方的医学、天文学、算术、历法等知识传入米利都，推动了东西方文化交流，孕育出新的思想，这都为伊奥尼亚学派的诞生奠定了良好的基础。

伊奥尼亚学派的创始人是泰勒斯，代表人物有阿那克西曼德、阿那克西美尼，他们在自然、数学、天文等领域都有所成就。他们否定传统的宗教神学，开始探讨宇宙本原的问题。其主要的观点是朴素唯物主义，认为世界万物的本原是一种物质性的东西。这个观点具有朴素性和直观性，用自然来解释万物，是一种原始的、自发的唯物主义。

伊奥尼亚学派关于世界本原的观点，可以看作是科学假说。虽然他们的思想是朴素的、简单的，但动摇了传统的思想，冲击了古代西方的神创论，人们开始探索自然，并以自然现象来解释万物的存在和发展。他们通过探索万物的本原来获取自然知识，标志着哲学的产生，开辟了欧洲唯物主义发展的道路，对后世产生了深远的影响。

泰勒斯是西方哲学思想的开创者，科学启蒙者。他一直坚持探索自然中的真理，被人们称为“科学之祖”。泰勒斯认为水是万物的本原，“水生万物，万物复归于水”。在东方经商时，他学习到观测日食、月食的方法，学会了测算海上船只的距离。泰勒斯从尼罗河水的涨退记录中，发现洪水退了之后，会有淤泥留下来，淤泥里含有不少细小的胚芽和幼虫。他把发洪水的现象与埃及神话传说相结合，总结出“万物由水生成”的观点。他还认为，地球是漂浮在水上的。

泰勒斯还提出“万物有灵”这一重要观点，他反复强调万物都是有生命力的，正是它们的灵魂使得世界充满生机。

阿那克西曼德是泰勒斯的学生，他认为泰勒斯“水本原”观点具有局限性，在泰勒斯的基础上提出“无定”的说法。他认为万物都源于“阿派朗”，即没有固定界限、形式和性质的东西。世界万物由无定的物质生成，消亡后又复归于它。世界的运动就是由生成和消亡构成的。他是世界上第一个绘制世界地图的人，并尝试比较太阳和地球的大小，他的学说既理性又科学。

受到前两位伊奥尼亚学派哲学家的启发，阿那克西美尼也用客观事实来说明世界。他认为气体是万物的本原，灵魂是气，火是稀薄的气。当气体凝聚时，首先变成水，再凝聚就变成土，最后变作石头。这个观点的突出之处是把物质实质之间的区别转化为量的区别，物质的转化取决于凝聚的程度。他把大地比喻成一个圆桌，万物被气体包围。他通过气体的凝聚、分散来阐述万物的产生，一定程度上把泰勒斯的观点合二为一："气"维持生命活动，灵魂就是气，是它统一了本原与灵魂的概念。

伊奥尼亚学派是古希腊第一个哲学派别，开创了西方哲学的历史先河。它首次提出对于世界本原的思考，用自然界本身的物质形态来解释世界万物的生成和变化，是人类历史上重大的突破。伊奥尼亚学派主张的朴素唯物主义，鼓励了后人对唯物主义的深入探究。但是，他们还没完全摆脱宗教神学的束缚，没有解决思维与存在的关系问题。

毕达哥拉斯学派与数学研究

如果说伊奥尼亚学派是最早研究物理现象的团体，那么毕达哥拉斯学派就是最早研究数学的组织了。

毕达哥拉斯学派在公元前 6 世纪末产生，是古希腊的哲学派别之一。创始人是毕达哥拉斯，代表人物有阿尔克迈翁、费罗劳等。他们的思想曾经对柏拉图产生深刻的影响。

毕达哥拉斯学派早期主张灵魂轮回和数的和谐的观点。他们提出的灵魂轮回学说结合了宗教神学和哲学，他们认为万物都有灵魂，而且灵魂不灭，同一个灵魂可以在不同的躯体间流动，甚至可以转化为其他物种。灵魂不朽，是因为它们处在永恒的运动之中。

毕达哥拉斯学派最早突出数的概念，重视数学，用数的概念解释一切。他们认为宇宙万物的本原是数，数是众多的、不变的，并用数量关系来解释自然社会的种种现象。他们受到五根手指的启发，抽象地得出数字“五”，是当时的数学界和哲学界的伟大进步。同时，他们也推动了算术等实用数学的发展。毕达哥拉斯学派对数理的研究和证明，促使人们更加相信“数本原”的说法。

毕达哥拉斯学派对于“数本原”的理解可分为三点：一是数是构成世界万物的基本单位和几何结构基础，世界的形成就是从数到点，由点到线，由线到面，再由面到体，从体产生出水、火、气、土这四种元素；二是把自然数分为奇数、偶数、素数、完全数等，规定了事物的比例，一和多、直线和曲线、正方形和长方形；三是用数字代表自然和社会的抽象原则。自然界的现象和规律由数构成，必须遵循“数的和谐”。毕达哥拉斯因发现“勾股定理”而闻名，西方称为毕达哥拉斯定理，他最早证明了直角三角形斜边的平方等于两直角边平方之和。他提出“十”代表完满，天上运动的发光体必定有十个。他还认为球形是最完美的几何体，以此推断大地是球形的，提出太阳、地球和其他行星都进行均匀的圆周运动的观点。这种以数学关系探讨宇宙的想法对古代天文学的发展具有积极意义。

毕达哥拉斯学派还强调和谐，第一次提出“宇宙”这个词，主张宇宙就是各个天体的和谐，数目和谐是按照了一定的比例关系。他们还认为世间一切美好的事物都是和谐，把乐音的和谐和宇宙天体的和谐秩序对应，数目的和谐可以净化灵魂，美、音乐等都是和谐的。

毕达哥拉斯学派关于宇宙是一切天体之间的和谐的说法，与伊奥尼亚学派主张的宇宙生成的观点有很大的不同，毕达哥拉斯学派把抽象的、非物质的数作为万物的本原，具有原始唯心主义的倾向。

到了后期，民主运动的冲击使学派分裂为两大派别：一个派别恪守信条，另一个派别研究数学、天文学。在长达两个世纪的时间里，毕达哥拉斯学派一直繁荣，他们的学说既有积极的一面，也有消极的一面。这种唯心主义的世界观使得他们在后来的研究中受到了极大的阻碍，失去了探索的正确方向。但是，这些消极影响并不能否定毕达哥拉斯学派在哲学史上做出的杰出贡献。

在早期宣传学说时，毕达哥拉斯除了演讲关于“数本原”的主题外，还经常谈到道德伦理的问题。他主张要维持公正的秩序，不要破坏和谐。他认为幸福是新的人格，是实现信念和向往的满足感。他提倡重视人的价值，提高人的潜能和思维能力，鼓励人们建立积极的人生态度。在家庭关系中，父亲应该用自己的言行举止去赢得儿女的敬爱，子女应该珍惜父母的爱。在团体、组织、制度中，人与人之间要保持和谐。他还谈到自律的问题，自律能使人身心健康，意志坚定。他从培养自律的方法延伸到教育的重要性，认为接受理性的教育后才能做到自律，强调教育的重要性。

为了建立圣人的统治，毕达哥拉斯和他的弟子在克罗顿建立了一个宗教、政治、学术合一的团体，他们给加入的人制定了诸多禁忌，例如禁食豆子、不碰白公鸡等。团体的成员有着一定的学术水平、共同的哲学信仰和政治理想，学派的教义要求他们纯洁、自律、节欲、服从。毕达哥拉斯通过这个团体和学说证明了奴隶制存在的合理性。

爱利亚派与论辩盛行

爱利亚学派因发源于意大利南部的城邦爱利亚而得名，活跃在公元前6世纪至公元前5世纪。他们主张世界的本原是“不变的一”，和伊奥尼亚学派“变化的一”、毕达哥拉斯学派“不变的多”的观点不同。爱利亚学派善于逻辑辩论，从对手的话中找出悖论，有辩证法的特点，也有诡辩论的倾向。古希腊时期，爱利亚学派推动了哲学界论辩盛行，深化了哲学思维，使哲学系统更加完整。

克塞诺芬尼居住在爱利亚地区，既是吟游诗人，也是歌手，人们通常认为他是爱利亚学派的创始人。他流传下来的哲理教育诗片段揭露了哲学对宗教神学的大胆抨击。他的哲学有反宗教的倾向，与毕达哥拉斯学派的宗教神秘主义哲学对立。他批判荷马和赫西俄德的观点，因为他们把一些偷窃、欺骗和通奸等无耻的行为强加在神灵身上。他嘲笑把神人格化的想法，他认为如果动物有手，能够为它们的神塑像的话，肯定也会把神制作成动物的样子，就像人把神塑造成人的样子一样。实际上，人不知道也不可能知道神长什么样子，神是没有形象的，容貌上不像人，思想也和人的思想不同。克塞诺芬尼肯定：不存在众多的神，也不存在一种神统治另一种神的情况。他还认为神无处不在，神灵和宇宙是等同的。我们可以把这个观点称为“泛神论”。

克塞诺芬尼把神等同为一切存在的东西，不同于后来古希腊哲学家们所说的“神”是超乎凡人、统领世界的观点。泛神论的提出，使他顺理成章地成为一个学说的创始人。他还批判宗教，但没有彻底地转化为无神论，他的学生巴门尼德继承和改造了他的学说，创立了存在论。

巴门尼德，约公元前515年出生于爱利亚，是前苏格拉底哲学家中最具代表性的哲学家之一。他把克塞诺芬尼的观点“神是唯一的、不变的”发展成“不变的一”的“存在”概念。他认为事物不会改变，人类的认知不可信。

他的出现是哲学史上的重大转折，在他之前朴素的、原始的自然哲学走向衰亡，具有逻辑思维的哲学才能继续发展。他提出的“存在”概念，在整个西方哲学史中尤为重要。在他之后，每一个西方哲学家都把确定“存在”的概念作为研究哲学的重点，甚至一些哲学体系以此为研究方向，比如20世纪的存在主义哲学。

前文介绍的伊奥尼亚学派、毕达哥拉斯学派思考问题都是从“万物的本原是什么”开始，研究万物怎样生成变化。但巴门尼德不同，他的存在观点大致可分为五点：一是存在是唯一的、连续的和不可分的。存在的唯一性在于它的连续性和不可分性；二是存在是不生不灭的，存在只能是现在，并且永远保持同一种状态；三是存在是“连续的一”，不可分割，各个部分完全相同；四是“不变的一”是完满的存在；五是存在是思想的对象。

巴门尼德的“存在”思想最终成为西方哲学研究的主要对象，对西方哲学史产生了划时代的重要影响。巴门尼德创造了基于逻辑的形而上学论证形式。

芝诺(爱利亚的)，是巴门尼德的学生与朋友，也生活在古希腊的爱利亚，鼎盛期约在公元前468年。柏拉图所记载的关于芝诺的观点被后人认为十分准确。芝诺维护了巴门尼德的“存在论”，但他是从归谬法的反面去证明的。他最重要的学说是否认运动的四个悖论。

芝诺否定运动的悖论有以下四个：一是二分法；二是阿基里斯追乌龟说；三是“飞矢不动”；四是“运动场”。这些都涉及了运动和静止、连续和非连续性的矛盾。芝诺悖论不存在于现实中，它形成的根源是辩证法和形而上学思维的矛盾，芝诺用辩证法证明运动中的矛盾，用形而上学的思维来否定运动。亚里士多德赞扬他发现了辩证法，黑格尔也把他誉为概念辩证法的创始人。

麦里梭是巴门尼德的学生，鼎盛期约在公元前 444 年。他同样对巴门尼德的存在论进行了逻辑论证，修改了某些观点。他的观点包括以下几点：一是关于存在的时间性。他把“永恒”解释为“永远如此”；二是关于存在是无限的；三是关于无限才是完满的。

麦里梭纠正了巴门尼德关于存在有限的观点，反驳存在是“变化的多”，维护爱利亚学派“不变的一”的主张。他否认虚空的存在，证明存在的不动性。这个观点激发了后来研究原子论的学者。

元素派的四根说和种子论

自爱利亚学派起，哲学家们不再把目光停留在自然界中的某一个元素（水、火、气等）或一种规定性的事物（数）作为万物本原，他们开始理性思考，寻找能普遍解释宇宙整体的事物。

公元前 5 世纪至公元前 4 世纪，唯物主义出现了一种新的观点，认为本原是许多物质微粒，它们构成多种多样复杂的事物。亚里士多德称为“元素论”，元素是物质，具有物理性质，与毕达哥拉斯学派的数不同，元素是不可感的物质微粒，不同于伊奥尼亚学派提出的物质整体状态，如水、火、气等。元素可能是“四根”，也可能是“种子”，或者是“原子”。四根说和种子说是原子论的理论先驱。

恩培多克勒，生于公元前 495 年，卒于约公元前 435 年。据说，他也是巴门尼德的学生。他认为自然界中的四大元素水、火、气、土是构成自然界的基本要素，称它们为“四根”。世界万物都是由这四大元素按照不同的比例混合而成，并随着这种结合方式的变化而变化，或者消失。四根是不会变化的，每一种元素都是绝对的存在，性质状态十分稳定，是“永远的一”。在恩培多克勒的眼里，不变的四根混合或者分离，以不同的比例构成各种感性事物，这些感性事物构成了整个自然界。

恩培多克勒认为，四根本身没有组合和分离的能力，它们的分合需要外力才能完成。这外力是“爱”与“恨”，“爱”使四根相互结合，“恨”使四根分离。“爱”与“恨”在希腊语的意思是“友好”和“争吵”。他把四根的分合、自然界的合力和斥力与人类情感作类比。虽然恩培多克勒运用了“爱”与“恨”比喻物质世界的运动变化，但并不代表他把自然本原与人类道德混淆。他设定四根之外的力量来解释四根的运用变化，表现出朴素唯物主义直观的局限性。

阿那克萨哥拉，生于约公元前500年，卒于约公元前428年。既是哲学家，又是物理学家、化学家、天文学家、数学家，他与古希腊政治家伯里克利是好朋友。他的哲学思想在希腊哲学史上具有不可替代的重要地位。

阿那克萨哥拉认为，万物的本原是无限的“种子”，他在物质性的世界中寻找万物的本原。在他看来，世界上任何东西都不会无中生有，万物的本原是多种形状、颜色和味道，却无法看见的“种子”。

根据阿那克萨哥拉的说法，“种子”的性质有以下几点：一、种子是无限的，数量和种类都是无限的；二、“种子”是混合而存在的；三、“种子”本身没有运动的能力，只能通过外力产生作用；四、“种子”有永恒的属性。

另外，“理智”也是阿那克萨哥拉哲学思想中的重要观点，他是西方哲学史上第一个把“理智”上升到高于物质的哲学家。他所说的“理智”，具有永恒、无限、无形、独立的特点，是一个新的概念。相比于恩培多克勒的“爱”与“恨”的比喻修辞，“理智”的概念更加具有概括性和思辨性。理智知晓一切，并且主宰一切有灵魂的东西。

阿那克萨哥拉在欧洲哲学史上做出了巨大的贡献，体现在三个方面。一是阿那克萨哥拉第一次把哲学从外邦带入希腊，影响了后来的苏格拉底、柏拉图和亚里士多德等伟大的哲学家；二是第一次把看不见的“种子”作为万物本原，使自然哲学更加深入地探讨事物内部；三是阿那克萨哥拉第一次把精神上的东西“理智”作为本原，为后来的哲学革命奠定了基础。

原子论的创立与发展

留基伯（约公元前 500 年—约公元前 440 年），是伊奥尼亚学派的思想家，他最早创立原子论，被称为“原子论之父”。他不仅继承了伊奥尼亚学派的科学理性主义哲学，而且受过巴门尼德和芝诺的影响。据说，留基伯曾经与巴门尼德一起研究过哲学，但是他们的观点完全对立。他认为，存在和非存在都是存在的，这就是原子和虚空，是事物生成的缘由。留基伯尝试把巴门尼德和恩培多克勒的学说调和，发展原子论。因为他们的思想与近代科学的观点相近，避免了许多在哲学上易犯的错误。

人们对留基伯的了解极少，提到原子论的代表人物，更多的是他的学生德谟克利特。

德谟克利特（约公元前460年—公元前370年），是伟大的唯物主义哲学家和希腊人中第一个百科全书式的学者，是希腊文化史上仅次于亚里士多德的第二博学的人。据传，他曾跟阿那克萨哥拉学习，也与苏格拉底探讨过哲学。他丰富了留基伯的原子理论，提出新的原子论，用虚空和原子都是客观存在的悖论来表达他的观点。他认为，原子和虚空是万物的本原，原子是由坚固的、无缝隙的、紧密的物质构成，不可分割，内力和外力都不能使其破碎。他还提出，虚空是原子存在和运动的根本条件，是原子存在的容器和原子运动的前提。假如空间是填满的，原子就没有运动空间，事物也就无法形成。原子在虚空的运动中形成万物，一旦原子分离，事物就会消失。在他看来，万物生成的根本原因在于虚空和原子。虚空概念是德谟克利特做出的巨大贡献，是西方哲学史上第一次提出“空间”的理论。

德谟克利特还认为，原子是充实的，所以是“存在”；虚空是稀疏空虚的，所以是“非存在”。“非存在”不是纯粹的虚无，不是不存在，而是相对充实的原子而言，虚空是不充实的，“存在”与“非存在”都是实在的。这种看起来十分诡异的观点，事实上是因为对存在进行无穷可分才导致非存在。

在德谟克利特看来，原子在虚空中处于永恒运动的状态，原子自身的运动是它们本质特征之一，事物运动的原因是原子本身的属性决定的。原子和原子所构成的物体的运动都是由动作和承受引起的。他区分了原初的运动和继起的效果，称其为冲动和反应。这个观点对亚里士多德的动力学观点产生了巨大的影响。德谟克利特还猜想：原子在没受到阻力的情况下将进行匀速直线运动。他主张原子的大小和形状都有区别，结合的次序和位置也有不同，以此来说明万物性质的不同。因此，在德谟克利特的思想里，原子的质相同，量有大小、形状、次序和位置四种区别。同时，他还在西方哲学史上最先提出两种性质学说，认为物体的形状、大小、结构和运动是物体本身固有的第一性质，颜色、气味、滋味是第二性质，不是物体本身所固有的。德谟克利特还认识到感觉具有主观性，也具有局限性。认识分为真实的和模糊的，模糊的认识是视觉、听觉、嗅觉、味觉和触觉。

德谟克利特还提出“旋涡运动”的说法。他认为宇宙在最初时，无限的虚空中存在着无限多、大小不一、形状各异的原子，它们朝不同的方向凌乱地运动，相互碰撞，形成旋涡运动。类似的原子会在旋涡运动中聚集在一起。比如火元素是圆形的、光滑的、最精细的和最活泼的原子聚集在一起形成的；土元素是钩形的、粗糙的、较大的原子结合起来形成的。其他的一些相同的原子聚集起来，成为水、气元素。这四大元素再聚集成万物。在无限的虚空中，原子形成的旋涡有无数个，所以从旋涡中产生的世界也是无数个。德谟克利特认为天体起源于旋涡运动，这个观点对于天体演化论具有重要意义，近代哲学家笛卡儿和康德都是根据他的旋涡学说提出近代科学中新的旋涡说。更值得注意的是，德谟克利特认为世界有无数个，都是有生有灭的，没有东西无中生有。原子是永恒的，不生不灭，它们构成元素、物质和世界，这是物质形态的转化。再者，世界的产生、成长和消亡都具有必然性，这个必然性就是自然界中固有的运动变化规律和事物的因果制约关系。

在认识论上，德谟克利特继承了恩培多克勒的“流射说”，提出了著名的“影像说”，利用原子论说明人的认识活动，对近代西方哲学的经验论提供了重要的借鉴作用。

德谟克利特的思想汇合了理性主义与经验主义，他意识到，理性地认识事物会比感性认识更加真实。他也清晰地知道，理性的认识与感性的认识不可分割，理性以感性为出发点，才能避免理性陷入空想。

◇第二章◇

从苏格拉底到亚里士多德

希腊哲学的“古典时期”，大致是公元前 5 世纪到公元前 4 世纪 40 年代，希腊被马其顿统一前的 100 多年。当时正是希腊城邦体制步入衰落的时期，也是希腊哲学发展最繁荣的时期。

相比于早期希腊哲学，古典时期的希腊哲学以雅典哲学为主。这一时期的希腊哲学主要通过逻辑论证来进行研究，研究对象与范围扩大到人和社会、社会公正、国家性质、人生意义等方面。纵观整个希腊古典哲学发展的历史，苏格拉底的学说为之奠定了坚实的基础，之后的柏拉图、亚里士多德都在此基础上做出了伟大的贡献。

智者学派的普罗塔哥拉

普罗塔哥拉，生于约公元前 481 年，卒于约公元前 411 年。出生在偏远的阿布德拉城。他本来是一个普通的木材搬运工，在巧遇德谟克利特之后，他接受德谟克利特的鼓励和帮助，开始学习哲学。他是第一个收费的教师，在雅典传授演讲术 20 年，培养了许多学生。

普罗塔哥拉的著作有《论神》《论真理》《论相反论证》等。他曾在《论神》的开篇中写道："关于神，我既不知道他们存在，也不知道他们不存在。有许多东西使我们无法认识，比如问题的晦涩、人生的短促等。"正因为这段"不敬"的文字，他惹怒了雅典人。他的著作被当众焚烧，他本人也被逐出雅典。在去西西里的途中，他所乘的船只沉没，因此身亡。

普罗塔哥拉是智者学派的主要代表人物，他提出了"人是万物的尺度"，人存在时万物存在，人不存在时万物都不存在。他说到了人的感觉。事物的存在是以人的感觉为标准的，人的认识决定事物存在的样子。苏格拉底这样解释这句话："事物就是在我面前显现出的那个样子。"也就是说，一个事物对你而言，就是它呈现在你的感官面前的样子；对我而言，就是呈现在我的感官面前的样子。

普罗塔哥拉提出的这句哲学名言，反映出他当时的反传统思想。那时候的希腊城邦，长期以神作为万物的尺度；事物的存在与否、好坏与否，都取决于神。普罗塔哥拉对神的存在提出质疑，让人代替神，把人类感觉的地位提高，使人在现实中主宰自己的信仰。他承认人的认识能力决定事物的本质，认识到人可以判断世界规律和制定社会规则，反映了人主体意识的觉醒，其意义在希腊哲学史上极其重要。

但是，普罗塔哥拉的观点对于现在的我们而言是不正确的，因为客观事物的存在和性质都是固定的，不会因为人的感觉而发生任何变化。柏拉图以及一些后来的哲学家都很厌恶他，因为他智力超群，全心全意追求真理。根据普罗塔哥拉的观点，他把客观事物的存在和性质当作人类主观感受的产物，否定了事物性质的客观性。这样会很容易陷入主观唯心主义的误区。

高尔吉亚的三个否定命题

高尔吉亚，生于约公元前483年，卒于约公元前375年。他出生于西西里岛，是公元前5世纪的古希腊哲学家和修辞学家。据说他师从恩培多克勒，曾经跟着他学习修辞、论辩、自然哲学和医学，后来成为一名卓越的政治活动家和演说家。

他的代表作是《论自然或论非存在》，这部作品主要在塞克斯都·恩披里柯的《反杂学》中保存得比较完好。除此之外，他还有著作《海伦赞》《帕拉梅德辩护词》等。

高尔吉亚认为感觉的产生是由于自然物发出的流溢物进入人的感官孔道。他对“非存在”的论证反映了他的哲学思想，他主张用逻辑推论来揭示别人论点中的矛盾。因此，他提出了三个否定命题。

一、无物存在。他以此观点来反驳“是者存在，不是者不存在”的观点。他提出，如果有物存在，那么这个物可能是存在，可能是非存在，也可能既是存在也是非存在。但他通过反证法论证后发现，这三种可能都不成立，所以结论是现实中没有永恒不变的事物存在。

二、“即使有某物存在，我们也无法认识它。”这个说法否定了巴门尼德关于存在和思维的同一性的命题。高尔吉亚论证道，假如我们思想的东西是真实存在的，那么我们所思想的东西都是真实存在的；但事实上我们可以思想到一些不存在的东西，这说明我们的思想不可靠，存在不是通过认识得到的。所以，即便有物存在，也无法认识，无法被思想。

三、即使可以认识存在，也无法把它告诉别人。认识存在要通过感觉，告诉别人要通过语言。存在和语言不一样，我们要告诉别人只能通过语言而不是存在，语言是符号和声音，不会告诉别人感觉到的存在事物。

他这种一切皆无、一切都不可知、一切都无法言说的观点，表现出怀疑主义和不可知论的倾向。总的来说，高尔吉亚的论辩术是典型的智者诡辩术，晚期希腊以皮浪为代表的怀疑主义流派以此作为重要的思想来源。高尔吉亚的结论不是虚无主义，而是相对主义，是为了反驳爱利亚学派的唯心论提出的，他从否定的角度提出了一些对人类认识史有积极意义的问题。黑格尔对此表示肯定，认为他这些观点解释了思维与存在、概念与外物的区别，并对后世的哲学产生一定的影响。

苏格拉底的美与善

苏格拉底，生于公元前 469 年，卒于公元前 399 年，雅典人。他起初当过雕刻匠，后来他阅读智者的作品，听索非斯特的演讲，开始研究哲学。他从事哲学研究时，希腊城邦的民主制度正由盛转衰。他自称“牛虻”，针砭时弊，主持公正，这些行为激怒了一些政客。因此，有人凭借“亵渎神明”和“腐化青年”两项罪名来控告他。虽然苏格拉底在法庭上发表了义正词严的申辩，但还是被判处了死刑。最终，他以身殉道，企图唤醒雅典人，也因此被称为“圣人”。人们把苏格拉底、释迦牟尼、孔子和耶稣等人誉为人类的导师。

苏格拉底的哲学思想反映了当时世风日下、道德沦丧的现象。

他没有任何著作流传于世，世人主要通过他的学生——克塞诺芬尼和柏拉图以及柏拉图的学生亚里士多德的著作来了解他的思想。

苏格拉底的哲学思想主要分为以下几点：

一、“认识你自己”。苏格拉底把这句话作为自己的哲学原则，他认为自然万物真正的主宰和原因并非物质的本原，而是内在目的“善”。哲学研究的真正对象是人本身，即认识人自身的善。苏格拉底认为自己是一位不倦的哲学传道者，经常装作无知，向街上的人探讨问题，使对方陷入矛盾，再因势利导，提出概念，宣扬自己的思想。苏格拉底以批判自然哲学家和智者为前提，开始从根源上清理整顿，否定感性，倡导理性，将哲学从求胜求智的方向转为求真求善，主张追求知识是人的本性，更加坚定理性主义的思想，使西方哲学史的发展经历了一次划时代的转折。

二、德行即知识。苏格拉底提出，认识自己就是认识心灵的内在原则，亦是认识德行。“德行”指的是事物的品格、特长、功能、特征，在人身上体现的是“人的本性”。“善”是自然万物的内在原因和目的，是人内在的灵魂，反映在人身上就是“德行”。他认为，人不是天生符合人的本性，而是要通过理性的指导才能认识自己的德行。一个人需要真正地认识自己，实现自己的本性，完成自己的使命，才能成为一个有德行的人。他还认为，人行善还是作恶，是由他自己的知识决定的，无知才会作恶。苏格拉底提倡“知德合一”的观点，他指出美德来源于知识，无知则不能为善。他把德行与知识统一起来，为理性主义伦理学奠定基础。但亚里士多德认为，苏格拉底把德行看作知识，否定了灵魂中存在的非理性部分，忽视了激情和性格的方面。

三、“助产术”教学法。“助产术”是指与学生谈话时，不直接告诉学生他要知道的知识，而是通过问答、辩论的方式来诱导他，让学生自己找方法得出正确答案。苏格拉底也把“助产术”称为“辩证法”，这种方法主要有四个环节：反讥、归纳、诱导和定义。他把教师比喻为“知识的产婆”。这种教师与学生一起讨论的学习方法，有利于推动学生积极和主动思考问题。苏格拉底的助产术方法后来得到柏拉图的继承与发展，在哲学与教育方面对整个西方产生了深刻的影响。黑格尔也用这种对话来完善辩证法体系。苏格拉底的哲学是脱离自然科学的道德哲学。

四、美的目的性与相对性。苏格拉底把美的观点与目的性整合在一起，他认为美的东西是完全不同的，没有相同的两件事物。一件事物美是因为它符合自身的目的，不适合的东西，既丑也不好。这与智者的观点不同，智者认为美在于符合观看它的人的趣味。苏格拉底的观点从功用的角度出发，智者的观点是相对的和主观的。苏格拉底还提到，事物本身的美和使用它的人所展现出来的美是不同的。事物本身的形式美和它的功用美是两种不同的美，前者体现和谐，后者体现适当、适合。苏格拉底注重功用之美，他否认有抽象的、绝对的比例、尺度，但是，他也认为美是有客观依据的，不是主观的，他的相对主义是一种语境论、关系论的相对主义。

五、艺术的理想化和精神性。苏格拉底对艺术的看法十分新颖，也很重要，他倾向于艺术表现美。他认为，绘画可以表现那些没有比例、没有颜色、没有形式的东西，艺术可以表现躯体、心灵、精神方面的特性。他指出人的灵魂可以通过表情外化出来。苏格拉底把人上升为艺术的主要对象，潜在地提出了精神美的概念。

苏格拉底继承了智者学派的思想，以人本主义为立场，不同于智者的是，他没有否认绝对的善和真。他在伦理方面反对智者，在美学上纠正了智者。美不是事物的绝对属性，但它离不开目的性，离不开事物在显现其价值时所处的关系，离不开事物在实现人的愿望时要达到的目的的适宜性。在这里，“美”与善是统一的。

在苏格拉底之后，形成了一个“小苏格拉底学派”，还有人们称柏拉图和亚里士多德为“大苏格拉底学派”，由此可见，苏格拉底对希腊哲学的影响多么深远，他的思想对西方哲学史甚至整个人类思想史都有着极其重要的历史影响。

小苏格拉底学派

苏格拉底死后，由于他的弟子们对老师的观点理解不同，形成了许多派别。柏拉图的思想和学识广博高深，所创立的雅典学园规模大，获得极大的成就，使其他弟子无法与之比肩。为了区分柏拉图的大门派，哲学史上把苏格拉底其他学生创立的派别称为“小苏格拉底学派”。这些学派思想观点鲜明，其中有三个学派影响较大，分别是麦加拉学派、居勒尼学派和犬儒派。他们的共同点是固定苏格拉底提出的“善”的定义，通过辩论或者其他行动来维护“善”。

麦加拉学派因在西西里岛麦加拉城创立而著称，也称为辩论派和辩证法家。欧几里得是麦加拉学派的创始人，也是麦加拉学派思想方式的创立者。他们好辩，坚持普遍性，试图把一切特殊的东西当成无有，所以也被人称作诡辩派。

欧几里得认为善是存在，是一种道德实在，是不动的“一”，与善相反的东西就是非存在。麦加拉学派在解释苏格拉底的思想时，也受到爱利亚学派的影响，他们试图将这两种思想合二为一。所以麦加拉学派的思想有两个明显的特色：一是把善等同于巴门尼德所说的存在；二是巧言善辩，提出不少著名的辩题。他们把辩证法的发展提升到很高的程度，使人们对于特殊事物的意识变得混乱。他们着重辩证法的发展，秉承了爱利亚学派和智者学派的思想。麦加拉学派对可感知的事物怀有不信任的态度，为晚期希腊的怀疑主义提供极大的借鉴作用。

居勒尼学派的原则是：人的天职、本质是追寻快乐和愉快的感觉。人们认为有一种高于快乐的东西，把快乐认为是无内容的。人们追求快乐是因为快乐本身，追求幸福却是因为特殊快乐，不是因为幸福本身。他们还认为肉体的快乐比灵魂快乐更重要，所以要尽情享乐。

居勒尼学派反对抽象思辨，倡导实用。他们认为人可以把握灵魂的状态，却无法得知产生这些状态的现象。他们认为自然没有确实性，便放弃了对自然的研究。他们还提出，事物的本质原本没有正义或卑劣的区别，本质的不同是约定俗成的结果。因此，他们推崇感觉和感受，宣扬善就是快乐。

阿里斯提波，生于公元前 435 年，卒于公元前 350 年。居勒尼学派创始人，生于北非的昔兰尼城。他常与苏格拉底交往，对普罗塔哥拉的学说也很了解。在阿里斯提波的理论中，最重要的是追寻快乐的思想。这个学派的快乐论，为晚期希腊伊壁鸠鲁的幸福主义提供借鉴。

犬儒派是小苏格拉底学派之一，是古希腊主张自然主义的哲学派别，又称为昔尼克学派，学派名称的来由有两个：一是创始人安提斯泰尼（约公元前 445 年—公元前 365 年）在名为“快犬”的地方讲学；二是这个派别的人生活方式粗野，被人们称作“犬”。主要代表人物有安提斯泰尼、第欧根尼等。

最初，犬儒派的学说没有形成一个完整的体系，后来葛多斯派把他们的学说发展成为一个哲学学科。犬儒派和居勒尼派一样，目的都是确定什么是意识、认识和行为需要遵守的原则。

犬儒派也把善作为普遍的目的。对于寻求善的方式，居勒尼派和犬儒派观点不一。居勒尼派主张把个人意识和感觉作为意识的本质，犬儒派则把具有普遍性形式的个别性作为意识的本质。犬儒派的观点反映了当时一些贫苦民众对希腊“文明”的不满和厌倦，对社会现状的抗议。他们认为，财产、音乐、数学等文明成果是德行的阻碍，只有节制的德行才能称为善，并主张抛弃文明生活方式。晚期的犬儒派，玩世不恭、恬不知耻的生活作风泛滥至极，引起了人们的厌恶。

在科学上，犬儒派无重要性可言，它只是提出意识必须认识自己的个别性，不依赖事物和享乐，把自由看作是赘物的克制。

犬儒派的另外一位代表人物第欧根尼（约公元前 404 年—公元前 323 年）提出人应该按照自然而生活的禁欲主义原则，在古希腊晚期被斯多亚学派接受并发展。

斯巴达对希腊思想的影响

在欧洲哲学的发展史上，如果想要更好地解读柏拉图，就需要先了解斯巴达。公元前 8 世纪的某一时期，斯巴达人占领了梅新尼亚地区，使当地的大部分居民都沦陷在希洛特的处境中。

历史上的斯巴达公民只有战争这一职业，一出生就要接受打仗的训练。首先要经过部族首领的检查，淘汰掉病弱的孩子，只留下健壮的孩子进行抚养和训练。所有男孩在 20 岁之前，都要在一所大学校里训练。训练是为了变得坚强，不怕痛苦，服从纪律。因此，在斯巴达人的眼里，文化教育和科学教育都是毫无意义的，他们生活的目的就是全身心地培养国家战士。

斯巴达妇女的地位也很特别，她们也要和男孩一样接受体育锻炼，更引人注目的是男孩和女孩在一起赤身裸体地锻炼。女孩们要练习赛跑、角力、掷铁饼、投标枪，为的是让她们以后怀孕所生的孩子能够从她们健壮的身体里吸收更多营养，发育和成长得更加健壮。

通过历史资料，我们可以知道，当时的斯巴达约有25万居民，可分为三类群体：一是斯巴达人，都是奴隶主，人口不足3万。奴隶主是国家的统治阶级，过着集团性的军事生活，不参与任何生产劳动；二是庇里阿西人，人口约有3万，住在城市周围，大多从事手工业和商业活动。他们是半自由民，享有人身自由，但是没有公民权，无法参与政治活动，必须给斯巴达人纳税、服役；三是希洛人，他们本来是平原上的居民，被斯巴达征服后，大部分人成了奴隶，起初有20多万人。后来斯巴达继续征服其他地区，使其他部落的人也归入到奴隶的群体中，希洛人的数量大大增加。

斯巴达的宪法很复杂。斯巴达有两个王，分别是两个不同家族世袭的。他们平时的权力受到限制，到了战时，便由其中一个王来指挥军队。政府除了有两位王、长老会议、公民大会之外，还包括五个从全体公民中选出来的监察官，这是斯巴达特有的。

历史的发展向我们证明，在很长的一段时间里，斯巴达人培养战士的模式取得了成功，他们在陆地上所向披靡，一直保持着他们的霸权。直到公元前371年琉克特拉之战，斯巴达人被底比斯人击败，才步入衰退阶段。斯巴达衰落后，亚里士多德对斯巴达的宪法进行了负面评价，并谴责斯巴达人贪心吝啬，原因是财产分配不平等。

斯巴达对希腊思想有两大重要影响，一是现实影响，二是神话影响。现实影响是斯巴达人击败了雅典，神话影响则是对柏拉图的政治学说，乃至后来无数学者的政治学说产生了巨大的影响。

柏拉图：认识论、伦理学和理想国

柏拉图，原名亚里斯多克勒斯，生于公元前 427 年，卒于公元前 347 年。他既是古希腊哲学，也是西方哲学甚至是整个西方文化最伟大的哲学家和思想家之一。他出生于雅典，父母是名门望族的后代，从小就受到良好的教育。他年少时喜欢文学，写过诗歌和悲剧，同时也对政治感兴趣。约在 20 岁时，他与苏格拉底交往后，便投入到哲学研究中。柏拉图是苏格拉底最著名的朋友和学生。

柏拉图的哲学思想主要有三点：认识论、伦理学和理想国学说。

柏拉图在哲学史上尝试论述一些基本问题：什么是知识、知识的来源、感觉与知识、理性与知识等。只有他才真正称得上是认识论的创始人。他的认识论主要包括理念论、回忆说、辩证法和灵魂转向说。

柏拉图的理念论是西方哲学史上第一个客观唯心主义体系。柏拉图继承和发展了苏格拉底在道德领域内对永恒不变的共相的追求，他把共相和可以感知的具体事物分开，使它们成为各自独立的实在，并称其为理念。他假设在理念的世界里，“善”的地位高如太阳一般，善是知识和真理的根本。他还认为理念可以通过理性来认识。事实上，柏拉图提出的理念就是共相，是事物的本质属性。他强调把事物的共相作为认识的开端，强调理性和感觉印象的不同，具有积极性。但是柏拉图在研究精神世界和现实世界的关系时本末倒置，陷入误区。

柏拉图在《美诺》篇中提出了回忆说。理念属于不灭的灵魂，但人在转世出生的过程中会忘记，只能通过后天的学习、他人的询问才能回忆起来。听到别人讲的道理能够理解，是因为那是自己先天固有的知识，经过别人的提醒才回忆起来。因此，柏拉图主张教育应该着重通过问答来进行引导和启发。

对于纯粹思想本身的考察，柏拉图称为“辩证法”。纯粹的思想是“有”与“无”，“一”与“多”，“无限”与“有限”。柏拉图在他的后期对话篇中阐述了他的辩证法观点，体现在《巴门尼德》《智者》和《菲利布》等篇中。尤其是《巴门尼德》，被黑格尔称赞为“柏拉图辩证法最著名的杰作”。

柏拉图通过三个著名的比喻：“日喻”“线喻”和“洞喻”，深入分析认识的过程，提出了“灵魂转向说”。他认为，每个人的灵魂都隐藏着学习能力，就如学习知识的眼睛。只有转动身体，眼睛才能朝向光明，灵魂也必须转移方向，才能面向实在的世界，看见最明亮、最美好的实在，即看到“善”。

不安稳的政治生活，使柏拉图更加关心社会，他始终为了改善人类社会而努力。他的伦理学说有两部分，分别是人应该向善和指出如何向善。在《理想国》中，柏拉图根据庞大的政治和形而上学的背景，讨论伦理的问题。根据理念论，柏拉图认为，善与恶的知识和善的理念的知识必定有所关联，只有极少数人通过教育才可能得到这些知识。

相比于苏格拉底对德行的理解，柏拉图将这个问题置于更为宽广的范围中。他在《理想国》中对“正义”进行了解释，广义上看，它包括一切美德；狭义上看，它是我们平常所说的公平。他还把人的灵魂分为理性、欲望和荣誉感，把正义看作灵魂各部分的和谐平衡。

柏拉图与近代一些思想家都认为，一切罪恶来源于某种精神的纷扰。他认为一个人拥有了善的形成的知识，就会认识到如何生活。柏拉图一直探索哲学，致力于把美德植入众人之中。

柏拉图认可群居的理念，首先提出社会中要实现分工与专业化。国家要培养良好的国民，实现公平，满足物质需求。柏拉图主张根据人们不同的才能划分为三个社会阶级，根据人的天性分工，注重发展人格。理想国的君王要让哲学家来担任，只有帝王有了哲学家的修养，才能建立理想国。建立理想国需要采取三种政策：一是改造社会制度；二是实行优生政策；三是改良教育方法。在探索的过程中，他对五种政体进行了相应的分析，认为最理想的政体是君主和民主的混合。

这种混合政体中也融入了法治的优点，人民在法律限制下拥有相对的自由。在法律方面，柏拉图最著名的成就是《法律》，这是他晚年的著作，面对前期思想难以实现的境况，他认识到现实的政府中不能没有法治，但是他始终坚持道德是国家最高目的这个观念。在他看来，法律禁止人犯罪，更引人向善；法律效力既是事后的强制，也是事前的规劝。

柏拉图还提出，政府的组织要符合“友好原则”，他根据这个原则规划了政府组织及其规则：护法官、议会、公民大会、夜间议会。政府组织之间分权而立，相互制约。后世的孟德斯鸠拓展了权力分立的观点，究其根源，柏拉图可谓始祖。

古希腊哲学集大成者：亚里士多德

亚里士多德，生于公元前 384 年，卒于公元前 322 年。他是古希腊哲学的集大成者，被誉为历史上第一位百科全书式的思想家。他出生于爱琴海北岸色雷斯的斯塔基拉城，一生主要居住在马其顿和雅典。他十七八岁时来到雅典，加入柏拉图的团体。亚历山大未出征亚细亚时，他在雅典创建了自己的学校“吕克昂”。由于他常逍遥于树荫路，与学生们讨论哲学，他的学派也被称为“逍遥学派”。

亚里士多德总结了以前所有哲学家的思想，并厘清了他们混乱的概念，把自然哲学与本体论相结合，展现了希腊哲学的最高水平。亚里士多德的著作数量非常多，据说有1000多卷，流传下来的有47篇（占全部著作的1/5，不包括残篇），其著作内容种类丰富，包括逻辑学、自然学、生物学、天文学、心理学、哲学、伦理学、政治学、语言学和文学等学科。

亚里士多德的著作主要有《工具论》《物理学》《论灵魂》《形而上学》《论诗》（《诗学》）等。他不仅在哲学上是大师级人物，同时也是逻辑学、心理学、生物学、伦理学、政治学等多个学科领域的奠基人。苏格拉底、柏拉图和亚里士多德作为古典时期希腊哲学的代表人物，带领希腊哲学走向顶峰，他们的思想为西方哲学奠定了扎实的基础。

亚里士多德曾留下一句流传千古的名言：“吾爱吾师，吾尤爱真理。”他是在西方最早对科学进行分类的人，他把知识分为三类：实践的、创制的和理论的。

亚里士多德认为，智慧是关于某些本质和原因的科学，本质就是形式，形式是一个事物中很重要的原因。他指出，以前的哲学家只说过事物有善的属性，却没有意识到善是事物生成和存在的原因。于是，他提出了四因论，提到事物产生的四种原因：质料因、形式因、动力因和目的因。

此外，他进一步探讨一切具体事物最初的原因。我们所看到的具有某些特征的东西都无法独立存在，只有和一个中心点发生关系时才能存在，这个中心点对于性质和数量而言，是一种根本意义的存在，亚里士多德称为实体，把性质和数量称为属性。实体主要有两个特点：一是实体只能作为主体存在，不能存在于另一个主体中；二是实体是变中的不变。亚里士多德的实体思想从强调个性转变为强调共性，最终把脱离个性的共性，即无质料的形式称为最高实体，也就是神。此神非宗教之神，而是思想的思想。他认为神是最高的善，是世界万物追求的最终目的，它本身是不动的，却能引发天体和万物的运动。亚里士多德在实体问题上没有弄清共性与个性的关系，最后把共性绝对化，承认神的存在，不可避免地重犯了柏拉图的错误。

亚里士多德率先给运动下定义，指出“潜能的事物的实现就是运动”。他对运动做出广义和狭义的阐述，广义的运动有四种：本质、性质、数量、地点的变化。狭义的运动只包括后面三种变化。他详细分析了运动的原因：第一，运动的事物本身具有运动的潜能；第二，推动作用使事物运动。他还通过内因和外因来分析自然事物的运动。

他还认为，运动都是在空间中进行的，空间是运动的条件。空间的定义是包围物体的界限，有四个特性：空间直接包围一个事物，不属于事物的某一部分；直接空间不大于也不小于它所包围的事物；空间和被包围的事物可以分离；空间有上下之分。亚里士多德对空间的理解大大地超越了古希腊神话中的空间观念。

他还从物体运动的角度研究了时间，他认为运动和时间的变化关系密切。他根据时间和运动变化的关系，定义时间“是关于前和后运动的数目，而且是连续的”。亚里士多德揭示了时间的三个基本特征：一维性、指向性和过渡性。时间只有前后之分，没有上下、左右的区别；事物发生的顺序不可逆转，“现在”把“过去”和“将来”分开，又能把它们合为一体，“现在”既是“过去”的终点，也是“将来”的起点。相比于以前的哲学家，亚里士多德对时间的认识具有惊人的进步。他认识到时间是物质运动的顺序性、间隔性和持续性，是人类关于时间观念发展历史上的一个伟大的里程碑。

亚里士多德把宇宙划分为天界和地界，地界由四大元素水、火、土、气构成，天界是地球之外的星体，第五种元素“以太”充满天界。地界的东西有生有灭，天体是永恒不灭的。地上的运动是直线运动，天体的运动是匀速的圆周运动。后来，亚里士多德的这个观点被哥白尼的日心说推翻，科学发展证明，宇宙是统一的，天体和地球一样，都由物质构成。

亚里士多德在《形而上学》《论灵魂》《后分析篇》等著作中阐述了认识论的问题。他的认识论以实体思想为基础，以唯物主义和经验论为主导。

认识的主体是灵魂，亚里士多德通过研究人的活动认识到：人的活动需要从内在产生一个源泉。源泉就是活动能力，必须是活动原则本身，这个活动原则就是灵魂。亚里士多德定义灵魂是“潜在的具有生命的自然物体的第一实现”。

亚里士多德下的定义说明灵魂是非物质性的，也体现了灵魂和躯体的相互关系就是形式和质料的关系。从存在的角度看，没有躯体就没有灵魂；从作用的角度而言，躯体为灵魂服务。根据活动能力，亚里士多德把灵魂分为三部分：营养的灵魂、感觉的灵魂和理性的灵魂。灵魂不是实体，而是一种能力。灵魂依靠身体，并随着身体的消亡而消亡，这个观点是唯物主义的。但是，亚里士多德认为理性和身体是分开的，是不死的，这个观点是唯心主义的，背离了唯物主义，是残余的灵魂转世说。

亚里士多德认为，感觉的对象是客观世界中的个体事物。他明确表明唯物主义的观点：要感觉，就一定要有不以人的意志为转移的客观对象。理性认识是以客观世界的普遍事物为对象。无论是感觉的认识对象，还是理性的认识对象，都是客观的，亚里士多德的观点总体而言是唯物主义的。

由个别到一般的认识过程，理性使用归纳的方法。获得普遍的知识后指导个别的认识过程，理性使用演绎的方法。亚里士多德创立了演绎逻辑。在哲学上，他高度总结了人类对客观世界的认识过程。他对认识过程的阐述基本符合实际过程，坚持了唯物主义的观点。但是他没有厘清一般与个别的辩证关系，没有说明认识怎么从个别上升为一般、能否上升等。

在亚里士多德看来，伦理学的研究围绕幸福和至善问题展开。快乐、荣誉、财产都是人追求的目的，但幸福才是最终目的，幸福就是至善。实现幸福需要有身体、财富和美德，其中最重要的是美德。而是否具有美德，就要看理智能否控制情感和欲望。在理智的指导下，人的行为要适中才符合美德的要求。要在感情和行为中做到适中，需要避开极端，两害相权取其轻。

无论是从希腊哲学的深度还是广度而言，亚里士多德都把它们推到繁荣的顶点。他的哲学集希腊哲学之大成，因此内部包含许多矛盾，对后世影响深远且复杂，各个学派都可以在他的学说中找到有用处的东西。

◇第三章◇

争论激烈的晚期希腊哲学

晚期的希腊哲学包括两个时期的哲学：希腊化时期和罗马时期的哲学思想，它们都是希腊哲学的延续。这个时期的希腊哲学有两个明显的特征：一、伦理化倾向。这个时期的哲学派别的理论都是以伦理学为核心，以灵魂安宁和生活幸福作为目标。二、没有形成新的哲学体系。大多数都是借鉴前人思想，加以改造，形成自己的理论。

当时社会剧变，缺乏自然科学支持，哲学内部争论激烈，在这样特定的社会历史背景下，催生出“晚期希腊哲学”。这个时期产生了四个新哲学派别：伊壁鸠鲁派、斯多亚学派、怀疑主义和新柏拉图主义。原有的学派以柏拉图的追随者组成的学园派和亚里士多德的吕克昂学园为主，主张维护传统。

诞生于乱世的伊壁鸠鲁主义

伊壁鸠鲁，生于公元前 341 年，卒于公元前 270 年。出生于雅典，曾在萨摩斯了解德谟克利特的著作，在雅典做更深入的研究，与许多当时的哲学家交流。36 岁时，他创办了自己的学校“花园”。伊壁鸠鲁是一个高产作家，据说他的著作有 300 多卷，如今仅留存残篇和三封书信。他的哲学体系可分为三部分：研究真理标准的准则学，研究自然及其生存灭亡的物理学，研究人生及其目的的伦理学。他认为，人必须认识宇宙自然的本性，才能获得灵魂安宁，享受幸福生活。在他的哲学思想中，准则学和物理学是方法，伦理学是目的。

伊壁鸠鲁的“类比法”，是从已知的东西来把握未知的东西，也是他的自然观原则。他在自然观上接受了德谟克利特的原子论学说，认为世界万物都是由原子和虚空构成的。

伊壁鸠鲁根据德谟克利特原子论的不足，提出三点重要见解：原子形状有限，原子有重量，原子有偏斜运动。他认为，物理学研究自然，最终是为伦理学服务的。因为认识自然万物的本质后，才能掌握自然科学的知识，只有了解自然科学，才能深谙自然的变化与规律，对神灵和死亡无所畏惧，享受快乐。

准则学是伊壁鸠鲁哲学的入门基础或者导论，它主要探讨真理的标准以及获取知识的途径。这里的“标准”是伊壁鸠鲁的逻辑学，亦被他称作“准则学”，内容是规定检验真理的标准、尺度。他认为规定真理的标准应该按照这三个阶段来：在理论方面，首先是一般的感觉，接着是各种预想；在实践方面，是感情、冲动和欲望。

这三个阶段有以下特性：感觉绝对真实；预见是潜藏在心底的真实的想法；情感是内在的感觉，有快乐或是痛苦。我们可以这样理解这个标准：从感觉形成图像，图像是普遍方式的感觉，即普遍的表象，于是我们便认识到这个普遍的表象，当有一个新的对象出现，我们就可以认识到这个图像符合这个对象。

伊壁鸠鲁的准则学属于感觉主义，捧高感觉、情感的地位，贬低理性，这导致他的准则学被认为是多准则或者无准则。这种观点打击了当时人们对超感觉之物的迷信。伊壁鸠鲁的准则学为他快乐主义伦理学和疑神论的宗教观奠定了扎实的基础。

伊壁鸠鲁主张“快乐是幸福生活的起点和终点”，坚持快乐即善这一观点。他反对前人区别积极与消极的快乐，或者动态与静态的快乐。动态的快乐是经历痛苦后实现愿望；静态的快乐是一种平衡状态，是事物状态存在的结果，如果没有这种状态，就会产生愿望。

伊壁鸠鲁思想的缺陷是不够深刻。虽然他认为如果人们觉得感觉欲望可以让自己幸福，就该尽力去追求感觉欲望，但他依然强调精神上的快乐远超感官的快乐。幸福和欲望有一定的关系，但伊壁鸠鲁对欲望不是全盘肯定，也不是完全否定，他认为应该对欲望做出正确的分辨，再进行取舍，正确地认识到自己的欲望是自然的还是虚浮的。而在自然的欲望中，有必要的，也有自然的。

在这个伦理观的基础上，伊壁鸠鲁提出了社会契约论的思想，国家、法律、公正等概念，都是人们相互约定的，不是外力强加而来，也不是绝对永恒的。

伊壁鸠鲁去世后，他的学说得到了广泛的传播，形成了伊壁鸠鲁学派。伊壁鸠鲁主义传播到罗马，吸引了不少信徒加入派别。

提图斯·卢克莱修·卡鲁斯（约公元前99年—公元前55年）是伊壁鸠鲁学派的杰出代表，是罗马共和国末年著名的哲学家和诗人。他的哲理长诗《物性论》是伊壁鸠鲁学派唯一完整保存下来的著作，具有非常高的史料价值。他详细地叙述了生物进化和文明起源的过程，认为世界是由原子撞击聚在一起，从一开始的杂乱无章到形成各个部分，天空、大地和海洋，大地起初产生了植物，再产生动物，最后出现原始人。

卢克莱修丰富并发展了伊壁鸠鲁的哲学，对文艺复兴时期伊壁鸠鲁主义的复兴起到了重要的作用。

上层官方哲学：斯多亚学派

斯多亚学派和伊壁鸠鲁主义在同一时代兴起，但斯多亚的学说历史更加悠久，变化也更多样。相比于之前的其他哲学派别，斯多亚学派在特征上希腊性更少。早期的斯多亚学派成员大部分是叙利亚人，晚期大多是罗马人。

斯多亚学派与其他晚期希腊哲学学派相比，有三个显著的特点：第一，它与统治阶级的上层人物的关系更加密切，曾经是晚期希腊哲学和罗马哲学的官方哲学；第二，该学派源于东方希腊主义国家，其代表人物基本上都不是在希腊出生；第三，它是晚期希腊哲学中持续最久、影响最大的派别。

芝诺（季蒂昂的），生于约公元前336年，卒于约公元前264年。他于公元前300年左右创立了斯多亚学派，他的观点属于唯物主义，结合了犬儒派和赫拉克利特的思想。后来斯多亚学派吸收了柏拉图主义，最终脱离了唯物主义的思想，他们的思想以伦理学为主。

克雷安德继承了芝诺的思想，热情地颂扬神，把芝诺的自然哲学和伦理学神学化。克雷安德的继承者克吕西普写过许多著作，据说有 705 卷。他把斯多亚学派系统化而且迂腐化了。他认为只有宙斯，即至高无上的火，才是不灭的，世间的日、月和其他的神都是有生有死的。他参考赫拉克利特的方式来解释恶，认为对立面相互包含，有善无恶是不合逻辑的。

潘尼提乌和波昔东尼是克吕西普之后两位重要的代表人物，对斯多亚学派的学说进行了修改和发展。潘尼提乌放弃了唯物主义，加入了柏拉图主义。他与小塞庇欧是朋友，也对西塞罗产生过影响。斯多亚主义就是通过西塞罗才为罗马人所知的。

早期斯多亚学派将哲学分为三部分：逻辑学、物理学、伦理学。物理学是基础，逻辑学是手段，伦理学是中心和目的。早期的斯多亚学派和伊壁鸠鲁主义一样，反对古典希腊哲学的理性主义，注重感觉经验。但斯多亚学派对于自然哲学的思考和伊壁鸠鲁主义大有不同。他们在认识上倡导感觉主义，但是在伦理学上保持理性主义。当他们把自然本性看作理性时，他们对感觉欲望的克制几乎达到禁欲主义的程度。

这一时期的特点是把早期斯多亚学派的观点与柏拉图、亚里士多德和毕达哥拉斯学派的思想加以整理，顺应时代发展的需要。主要的代表人物有巴内修斯和他的学生波塞多纽、西塞罗。

巴内修斯一直调和斯多亚学派与苏格拉底、柏拉图和亚里士多德的学说。他对早期斯多亚学派的观点做了较大的改动，并重新加以阐释。他的观点是斯多亚主义罗马化的起点，有利于斯多亚学派在罗马的广泛传播。波塞多纽是巴内修斯最著名的学生，被人称赞为亚里士多德以来希腊学识最渊博的思想家，他在哲学、伦理学、政治学、历史学、心理学、数学、天文学、文学等方面都有所成就。波塞多纽在哲学上延续了巴内修斯的思想路线，调和各哲学家的思想，又更多地保持了早期斯多亚学派的观点。他把伦理和政治看作一回事，认为一切道德伦理和政治活动都是宗教的责任。人掌握自己的自由，可以获得关于精神天赋的知识，在死后会享有最高形式的存在。

西塞罗是罗马共和国末期著名的政治家、哲学家、论辩家和文学家，也是学派中唯一有著作流传下来的人，他的哲学作品有《论神性》《论目的》《论命运》等。在哲学方面，他极力调和柏拉图主义和斯多亚学派的观点，否定伊壁鸠鲁主义的原子唯物论，宣传灵魂不死的言论。西塞罗对斯多亚学派的主要贡献是记载了学派的思想，不仅保存了学派的资料，而且有利于学派思想的传播。

1 世纪到 3 世纪中叶，斯多亚学派进入鼎盛期。它有两个显著的特点：一是著作使用拉丁语，大多被完整地保留下来；二是表现出罗马人不擅长思辨，侧重务实的民族特征。晚期斯多亚学派的代表人物有塞涅卡、爱比克泰德和马可·奥勒留。他们的职业、社会地位各不相同，上自皇帝大臣，下至奴隶，都体现了斯多亚学派提倡平等的思想。

塞涅卡主要的哲学著作有《论幸福生活》《论天命》等。他认为，哲学的目的就是把人往德行上引导，德行就是尊重自然，顺应神的旨意。爱比克泰德的言论由他的学生阿里安整理出来，编成《爱比克泰德谈论集》流传于世。爱比克泰德认为，神创造了一切东西，人是神灵本质的一个特殊部分，人的身上也有神的某一部分。爱比克泰德的信条是服从神意，忍受命运，克制欲望。

马可·奥勒留是罗马皇帝，被称为“御座上的哲学家”，著有《沉思录》12 卷。此书以悲观、消极为基调，表达他心中对生命的无奈，他认为宇宙万物的整体内部次序是由神决定的。

晚期斯多亚学派主张宿命论与忍耐、克制的原则，顺应了当时统治阶级的需要，同时也真实地反映了社会动荡时期人们的普遍心理。反映这种心理的还有一个派别，就是怀疑主义。

安于不知的怀疑主义

公元前 4 世纪后半叶，怀疑主义出现，持续了约 500 年，大致可分为三个阶段：早期的实践性阶段、中期的批判性阶段和晚期的系统性阶段。中期的批判性阶段主要体现在柏拉图主义中，所以本节只阐述早期和晚期阶段。公元前 1 世纪的亚里斯多克勒概括怀疑派思考三个问题：一、事物实际上是什么样的东西？二、我们应该用什么态度对待它？三、这种态度会有什么后果？对于第一个问题，怀疑主义的回答是对同一论题做全然相反的态度，第二个问题的回答是“悬搁判断”，第三个问题的回答是达到心灵的宁静与幸福。以皮浪为代表的怀疑主义又称为“皮浪主义”，它的实质是精神认为无法理解的事物是精神的本质，是它实际的能力。关于怀疑主义的资料主要是通过赛克斯都·恩披里柯的《毕洛主义概略》和《反杂学》。

怀疑主义对所有的学说都进行了深入的批判，对于一切正面的言论，都能找出它的反面命题。因此，人们无法判断任何事物，只能不做判断。怀疑主义对于真理的分析能明显地体现怀疑主义的思想。

怀疑主义认为，人们对事物的一切认识，最终必定归为真理的问题，但人们不能找到这个真理。当时，许多优秀的学者被怀疑主义吸引，就如柏拉图学园，成为怀疑主义思潮兴盛的阵地。

怀疑主义强劲地批判了各种思想的真理性。人的理性只能借助概念和想象来认识事物，可是任何概念在一定的语言系统里都有定义并受限制。如果人们用有限的概念来认识真理，再去架构一种无限的绝对，这是超出能力范围的，必然会导致反命题的出现。由此可知，理性对于真理是无能为力的。所以，怀疑主义认为，不做判断才是解决问题的方法，也称为悬搁判断。

“悬搁”是中止的意思，既不肯定，也不否定，悬搁判断的原因是事物本身的不确定性。

悬搁判断是怀疑主义的原则。但如果我们想深入分析怀疑主义给我们带来的思想境界时，就会发现问题并没有得到很好的解决。简单来说，假如悬搁判断作为命题，那它的反命题也一定成立，就是不做悬搁判断。而当我们进行悬搁判断时，我们还是做了一个判断：悬搁判断。可以看出，悬搁判断是在怀疑主义中被看作为真理的。一方面，怀疑主义认为人把握真理是不可能的，他们认为人应该放弃追求真理；另一方面，它给我们提供了一个真理。这种相互矛盾的情况是理性的尴尬境况。换言之，理性一直给自己提出一个终极任务，就是认识并且把握真理。起初，理性明确提出这一任务。最后，当怀疑主义揭露这个任务的不可能性时，却用隐秘的方式继续进行。理性是无法逃避这一矛盾的，它不可能放弃追求真理，也不可能到达真理。

源于宗教救济的新柏拉图主义

新柏拉图主义源自宗教救济哲学，从怀疑主义、伊壁鸠鲁主义、斯多亚主义发展而来，是 3 至 5 世纪时最重要的哲学派别。

它不仅是希腊哲学按照逻辑发展的必然结果，也是基督教哲学的主要思想来源。透过新柏拉图主义，可以看出希腊哲学理性精神衰落和向神学转化的必然结果，使人进一步认识哲学和宗教、理性和非理性之间的复杂关系。

新柏拉图主义盛行时间长，传播范围广，内部区别大，在希腊和犹太的思想影响下逐渐形成。它的思想主要来自四处：第一，传统的希腊哲学，例如柏拉图、亚里士多德和早期斯多亚学派的思想；第二，以斐洛为代表的犹太哲学；第三，以阿波罗尼为代表的毕达哥拉斯学派；第四，以普鲁塔克和纽曼洛斯等人为代表的折中性柏拉图主义者。此外，亚历山大里亚城早期基督教神学也影响了新柏拉图主义的形成。

普罗提诺是确立新柏拉图主义的人，他师从准备这一理论体系的安莫尼奥，205 年生于埃及，244 年在罗马建立自己的学校，直到 268 年都在负责学校的事务。他 40 岁时在罗马办学，许多达官贵人慕名而来，甚至引起了皇帝和皇后的注意。他曾经计划在康帕尼亚建立一座“柏拉图城”，目的是实现柏拉图的政治理想，但因大臣的反对无法实现。他写了 54 篇论文，后来被学生波斐利编辑成 6 集，每集 9 篇，名称是《九章集》。这本著作在西方哲学史上意义重大，是研究普罗提诺思想的史料依据。

普罗提诺非常认可柏拉图的辩证法，他认为这是能够训练思维的东西。除了思维、精神，没有其他东西存在，整个自然是一个概念。他第一个提出思维者和被思维者在自我意识上的同一性，以此阐述辩证法的概念。最后的结果是把理论引入宗教，为宗教服务的。他以“一”作为出发点，把它看作善，或者称为神的绝对者，通过这样来达到和绝对者神的合一。他提到人们不可以忘掉人的本原中更高级的东西，要尽力寻回人灵魂最原始的故乡，清除欲望，隔绝感性，解放较善的自己。只有通过这个灵魂纯净化的过程，才能到达幸福的最高点。

总而言之，普罗提诺的哲学体系博大丰富。普罗提诺吸收了前人的思想成果，改造了柏拉图的理念论，把理念等级改为三大本体，把两个世界改成四个层次。另外，他还把柏拉图理念论当中的分有和模仿改成流溢，灵魂回忆改成灵魂观照。

新柏拉图主义哲学的代表人物还有颇尔佛里奥、他的学生养布力科以及普罗克洛、贝提奥等。普罗克洛最初在亚历山大里亚学习，后来到雅典柏拉图学园进行更深入的学习，他曾经担任学园的校长。他的哲学作品大多数是对柏拉图著作的解释，最出名的是《蒂迈欧》的注释，他的《神学要旨》和《柏拉图神学》一直保留至今。

新柏拉图主义中，普罗克洛是除了普罗提诺之外做出最大的思想贡献的哲学家，他尽最大的努力恢复新柏拉图主义。可是，基督教当时被奉为国教，无法容忍与自己对立的其他学说。529年，普罗克洛去世不足半个世纪，信仰基督教的罗马皇帝查士丁尼便命令雅典一切哲学学校关闭。这个悲剧，标志着新柏拉图主义走向终结，也标志着整个古希腊哲学史的结束。

◇第四章◇

经院哲学的三个发展阶段

"经院哲学"最开始是在查理曼帝国的宫廷学校、基督教大修道院和主教管区的附属学校发展起来的基督教哲学。这些学校主要研究神学和哲学，学校的教师和学者都被称为经院学者或经师，所以他们的哲学被称作经院哲学。

经院哲学一般分为早、中、晚三个阶段，早期经院哲学依然是奥古斯丁和新柏拉图主义占主导地位的时期；中期经院哲学时期是繁荣时期，亚里士多德成为最具权威的哲学家；晚期是异端唯名论流行的时期，经院哲学步入瓦解和衰落。

经院哲学主要研究共相和殊相、一般和个别的问题，围绕这个问题分成了两大派别：唯名论和实在论。

"中世纪哲学家之父"爱留根纳

爱留根纳，生于约800年，卒于877年。他是"加洛林王朝文化复兴"时期最著名的学者，约843年，他被邀请到巴黎讲学，后来在宫廷学校任校长职务。他精通希腊文，曾把伪狄奥尼修斯的著作翻译成拉丁文，书名为《大法官书》。他的代表作有《论自然的区分》《论神的预定》等。他创建了中世纪第一个完整的哲学体系，被誉为"中世纪哲学家之父"。黑格尔认为，爱留根纳开启了真正的哲学时代。

在基督教哲学的历史上，爱留根纳首先明确提出信仰要服从理性的观点。他不否认《圣经》和教父们的权威，但是对于《圣经》，他只做出讽喻的解释。他认为真理来源于理性和启示，这两者都具有同等的权威，因此不能互相矛盾。爱留根纳重新解释了教父哲学的命题"真哲学就是真宗教，真宗教就是真哲学"，但是他将强调的重心转向哲学和理性。真正的理性依靠的是它内在的威力，不需要任何权威的支持。他的目的在于使信仰具有理性，更难得的是，他崇尚理性、崇尚思维。

爱留根纳所有哲学思想的核心是关于自然的区分，在《论自然的区分》这本书中，爱留根纳开篇就规定了"自然"的概念。"自然是一般的名称，是全部存在的和不存在的"，是"心灵可以了解或超越心灵的全部事物"。这里的"自然"包罗万象，概念十分广泛。爱留根纳把自然分为四种：一是创造和非被创造的自然，它包含存在与非存在的原因，即上帝；二是被创造又能创造的自然，即存在于上帝中的理念，总的来说就是逻各斯；三是被创造而不能创造的自然，即世界上的一切事物，表现出上帝的理念；四是不创造又不被创造的自然，是一切事物的最终目的，依然是指上帝。万物源于上帝，又复归上帝，上帝是一切存在的本质，上帝使整个自然统一起来。这种思想为后来的泛神论提供理论基础。

爱留根纳的自然包括所有的存在和不存在，为了更好地了解自然，他又提出了区分存在与不存在的方法。第一种，以理性为依据，一切可以清晰辨别或超越感觉的，都属于存在；超出物质、感性之外的，超于纯思维和理性之外的，视为不存在。第二种，作为物质世界与每个区分的界限的每一层次和它连接的较低层次，都可以使用令人惊奇的理解方式，看作存在和非存在。第三种，产生于时间和空间，形成的物质原因本身而被认识，一般称为存在；相反，如果是处于自然深处，还未变成未形成的物质，或者不存在于时间和空间中，而且缺少机会可以变成可见的，一般称为不存在。第四种，存在是凭借纯思维认识的，不存在是通过物质在时间和空间中的运动，进行延伸、收缩，变化着、凝聚着或分解着的东西。第五种，上帝按照自己的形象创造出人类，存在要符合自身理念，不存在就是不符合理念。

这五种方式反映了古希腊哲学的精神，也体现了巴门尼德、柏拉图和亚里士多德对他的影响。他的存在学说服务于上帝，上帝和理念是万物的本质、原因和典型，所以上帝是真正的存在；但人们只能通过上帝创造的东西来认识上帝，所以上帝是不存在。总的来说，上帝既是存在又是不存在。爱留根纳将存在和不存在看作辩证的统一，表现出较高的思辨水平。

爱留根纳的存在学说中，人是一种特殊的存在。人会因为犯罪而从存在变为不存在，但是也可以恢复到原先的状态重新存在。一切的存在都不死，最后都会归于上帝那里，魔鬼也可以获救，但是时间会迟一点。

爱留根纳的理性主义在当时并没有得到广泛的传播，文化和理性的复苏虽然缓慢，但是是一种必然。逻辑学在中世纪又称为辩证法，辩证法的深化，提升了理性思维的地位。贝伦加尔（1010年—1088年）用辩证法研究神学，使得经院哲学内部爆发了一场辩证法和反辩证法的斗争。

贝伦加尔继承了爱留根纳的理性主义主张，在理性和信仰之间，他认为理性是决定因素。信仰应该服从知识，权威应该服从理性，《圣经》应该服从辩证法。在所有领域中，最后都要回归到辩证法，同时也是回归到理性。

达米安是早期的经院哲学反辩证法的主要代表人物，他反对辩证法，不信任世俗的学问。而兰弗郎克不同于贝伦加尔和达米安的态度，他对辩证法和反辩证法持中立态度。

论证上帝存在的安瑟尔谟

安瑟尔谟，生于约1033年，卒于1109年。他是兰弗郎克的忠实继承者，他主要的哲学著作有《独语》《宣讲》《上帝为什么化身为人》等。安瑟尔谟因为提出上帝存在的本体论论证而著名。

安瑟尔谟致力于宣扬理性服从信仰，如果没有上帝的指示和启示，我们就无法找到上帝，唯有信仰才能使我们收到上帝的指示和启示。因此，信仰是基督徒的出发点。他认为基督徒应该从信仰出发达到理性，而不是从理性发展到信仰。信仰是对自身而言的，不需要理性的基础。假如他未能理解透彻，就更加不能放弃信仰。安瑟尔谟并不是简单地否定理性的作用，也不是主张人们停留在单纯的信仰中。他认为人若是有了信仰，就要坚决拥护，如果不把它理解透彻，是一种非常懒惰的行为。安瑟尔谟和奥古斯丁一样，宣扬“信仰寻求理解”。有信仰的人要坚持用自己的理智来理解信仰，掌握信仰真理的内在原因和必然性，从这样的信仰判断发展到这样的理性判断，用理性来保护信仰，以此来辩驳那些不相信上帝的人。但是安瑟尔谟强调，不可以让理性来审判信仰。信仰是理解的前提、范围、规范和目的。安瑟尔谟既维持了信仰的最高地位，又使哲学的思辨得到保证，由此明确了经院哲学的基本原则，被人称作“最后一个教父和第一个经院哲学家”“真正的经院哲学之父”。

安瑟尔谟以“信仰寻求理解”的原则为出发点，致力于在哲学上证明他坚信的上帝存在。黑格尔认为，安瑟尔谟基本上可以被称作经院神学的奠基者。安瑟尔谟没有辜负众人的期望，竭尽全力，思考出许多证明的方法。在《独白》这本书里，安瑟尔谟用世界上现实存在着的善的事物作为前提，总结出绝对的善的存在；从现实存在着大的事物，总结出绝对的大；从现实事物的存在推断出绝对的存在，从事物本质的等级推导出最高的本质，他认为这些推断出来的结果和上帝同等。但遗憾的是他的证明方式缺乏创新，较之前人而言进步不明显，因此他的思想被后人忽略。他在《宣讲》中列出“本体论”的证明，奠定了他在基督教神哲学史上的重要地位。

这个证明本质上表达了上帝的存在是必然的真理，否认上帝的存在，会陷入逻辑上的矛盾，从而证明上帝的存在无须借用有限的经验事实，只要借用先验的逻辑力量，通过概念就能推断出上帝的存在。在安瑟尔谟看来，信仰赋予人们一种真理，一种上帝的含义，也就是“上帝是无与伦比的伟大的存在”，让人无法想象比上帝更伟大、地位更高的东西。然而单凭这一理念，并不能全然说服否定上帝的人。安瑟尔谟认为，假如否认上帝的人理解了上帝的定义，那上帝的表述就存在于他的理智中，也就是说，上帝这样“一个无与伦比的伟大的存在者”是存在他的心里的。也许此刻他还不能意识到这一点，但是这种东西事实上是存在的。因为“心灵中的存在”和“现实中的存在”两者之间有巨大的差别。但是，无与伦比的伟大的事物不能只存在于思想中，如果它仅存在于思想，那么就可以假设它也存在于现实，它就会更加伟大。或者设想一个既存在于思想又存在于现实的伟大存在者比它更加伟大，这一切都和“无与伦比的伟大的存在者”的意义自相矛盾。所以无与伦比的伟大的东西，也就是上帝，存在于思想和现实中。

安瑟尔谟觉得人的心中都存在着一个至高无上的人，随后他又提出至高无上者不可能只是人心中的观念，而是存在于现实中的。上帝就是这样的至高无上者，最终得出的结论是上帝必然存在于现实中。

黑格尔赞赏安瑟尔谟这一论证鼓励了经院哲学家的哲学，并且把哲学和神学结合起来。但是也有人对安瑟尔谟的论证持反对态度。法国隐修士高尼罗对此激烈批驳，托马斯·阿奎那放弃使用这一论证，这个论证最终在康德的哲学中遭到沉重的打击。

安瑟尔谟证明上帝存在的观点反映出他是一个极端的唯实论者。感官认识的存在不是真正的存在，真正的存在是精神认识的共相，共相作为实体，先于且离开个别事物而独立存在。他认为世界上存在一种纯粹的共相，这种共相不体现为任何单一的事物。相反，个别事物存在只是因为它是共相的结果。

阿伯拉尔的反权威思想

认识阿伯拉尔的哲学之前，需要先了解他的老师及批判对象洛色林（约 1050 年—约 1112 年）。洛色林生于法国，曾经讲学，也当过牧师。1092 年，他的学说被宗教控告为异端。他的著作几乎全部失传，仅剩一封写给阿伯拉尔的讨论三位一体的信，所以现存对他学说的阐述，基本上是从安瑟尔谟和阿伯拉尔的著作中了解到的。

洛色林否认一般的真实性，认为共相是“声音”或是“名词”，是人类抽象思维创造出来的东西。他还进一步认为，由部分组成的整体没有真实性，只有部分才是真实的存在。实际上，整体由许多独立实体组成，整体是个空洞的名称。安瑟尔谟说过，洛色林以唯名论的原则作为出发点，否认基督教的一神论，认为三位一体的神不存在，关于圣父、圣子、圣灵三位神作为三个个体单独存在的观点才是真实可信的。原罪是虚假的，真实的罪恶是个别人、个别行为制造的具体的恶。罗马圣教会是一个虚名，各个地方的分教会才是真实的存在。这种唯名论从根源上动摇了罗马教会的统治，最后导致他的唯名论难以与教会正统调和。

阿伯拉尔，生于 1079 年，卒于 1142 年，法国人，早年师从洛色林，后来对洛色林的极端唯名论不满，转而向香浦的威廉学习，但又对威廉的极端唯实论不满意而展开争辩，迫使威廉的观点发生变化。阿伯拉尔的代表作有《是与否》《论神圣的统一性和三一性》《基督教神学》《神学引论》《认识你自己》等。

阿伯拉尔反对迷信，他通过教会教父著作中的矛盾、错误，认识到做学问时要保持经常怀疑的态度来解决问题，从怀疑权威开始，根据理性进行研究、验证，最后获得真理。这为后来以笛卡儿等人为代表的法国怀疑精神开了先河。恩格斯对他的反权威思想进行了高度的赞扬，认为他抵抗教会权威，是对盲目的信仰进行永不松懈的斗争。

阿伯拉尔的怀疑思想并没有达到挑战《圣经》权威的程度。在他看来，辩证法是除了《圣经》之外通向真理的唯一道路，成为基督徒和做逻辑学家是一回事。在《是与否》一书中，他运用了辩证法题材，对一些教会权威和问题展开争辩，揭露矛盾，并把矛盾交由读者解决。

阿伯拉尔具体地分析了波菲利提出的三个共相的问题。他认为，就“种”和“属”的所指而言，它们是真实的；对于他们的命名来说，却不是真实的存在。种和属在“给个别的事物命名”的情况下是有形体的；在“都不是个别的、限定的命名”而言，是无形体的。对于共相和事物的关系而言，它是可感觉的；就其表现方式而言，却是不可感觉的。阿伯拉尔继承了洛色林的唯名论学说，坚信个别事物的真实存在，反对共相的客观实在性。阿伯拉尔认为共相是人们理智中的概念，共相不是实体，它所指的实际存在也不是实体。共相所指是“无限的事物”，也就是个别事物之间的一种相似性。阿伯拉尔从本体论、认识论、逻辑学三个方面解释了共相问题，体现了一定的辩证思想。他的这个观点被后人称为温和的唯名论或“概念论”。

从唯名论原则来看，阿伯拉尔认为善恶的原因是个人的意向和良知。一个行动的是与非，在于行动者的动机，而不是后果。就算同一人在不同时间做同样的事情，因为意向不同，行为的好坏也是各异的。行动只要向善出发，就是善的；如果是从恶的意向出发，就是恶的。恶没有实体，只是缺乏善，是做了不该做的事，该做的事却不做。他给道德上的善恶增加了神学前提："我们的罪恶是对造物主的侮辱，犯罪就是藐视造物主。"他还强调道德的评判取决于个人的主观意识，揭示了一种个体主义的倾向。除了上帝的好恶，他还把公众的舆论作为评判善恶的标准，在一定程度上体现了道德世俗化的倾向。

唯名论和实在论的争辩

中世纪哲学存在唯名论和实名论两大派别对立的情况。唯名论认为，存在的事物都是个别的，除了心灵之外没有共相；实在论认为，共相不仅是心灵中的一般概念，而且是这些概念的外部实在。简单来说，唯名论具有唯物主义倾向，实在论具有唯心主义倾向。它们都有各自的正确和局限之处，两者在争辩中相互借鉴、相互促进，推动了哲学思想的进一步发展。唯名论和实在论的长期争辩，对于西方哲学史具有重要意义。唯名论和实在论的争辩可分为三个阶段：第一，12 世纪关于概念意义进行的认识论和逻辑争辩；第二，13 世纪关于个别存在进行的本体论和神学争辩；第三，14 世纪奥康主义唯名论造成了经院哲学的解体和衰落。

唯名论和实在论的争辩虽然在中世纪发生，但是争辩却是从古代哲学开始的。唯名论和实在论的生成线索，贯穿了从亚里士多德经过晚期罗马哲学到早期经院哲学的过程。

3 世纪，波菲利在《亚里士多德〈范畴篇〉导论》中最早提出关于共相的三个问题，6 世纪，波爱修对此进行翻译并注释，给出了自己的解答。11 世纪末，波爱修的逻辑著作被作为教材普遍使用，他的观点引起广大师生的注意，经院哲学出现实在论和唯名论的明显对立。洛色林第一次提出唯名论，用他的唯名论来解释“三位一体”，会得到父、子、圣灵是三位个别的神，反映了极端唯名论的观点。1092年，索松主教会议驳斥他犯了“三神论”的谬误。安瑟尔谟是极端的实在论者，他的本体论证明，事实上是把上帝看作最高理念，并指责洛色林是“使用辩证法的异端”。阿拉伯尔关于共相理论的著作《波菲利集注》保留了早期唯名论和实在论争辩的完整资料，解答了共相性质的问题。

13世纪至14世纪，经院哲学有法国巴黎大学和英国牛津大学两个中心。巴黎大学盛行亚里士多德主义，牛津大学着重进行数学和自然的研究，兴起与唯名论有关的重视经验思想，对当时的欧洲和后世有重要影响。托马斯整合了柏拉图主义理念论和亚里士多德实体本质论，以及理智从感觉中抽象出概念的认识论，试图调和实在论和唯名论的争辩。罗吉尔·培根（1214—1292年）否定极端实在论，肯定个别事物的独立存在。他认为可以通过数学推理和经验获得认识，个别的事物既是唯一的存在，也是经验的来源。他还是第一个提出“实验科学”概念并应用的人。约翰·邓斯·司各脱（1265—1308）创造了“此性”概念，认为“此性”是概念不可表述的终极本质，“共相”是可用概念把握的本质。他还提出，理智无法把握实体的终极原则，导致他的理论最后强调意志高于理智。司各脱主义为法兰西斯会的正统学说，托马斯主义是多明我会的正统学说，他们的争辩造成经院哲学的第一次分裂，导致后来的奥康主义造成经院哲学更加严重的分裂。

威廉·奥康，生于约1300年，卒于1350年。用13世纪兴起的词项逻辑区分“指称”和“指代”，“共相”和“殊相”。他意识到这个区分能克服早期唯名论缺陷，通过词项的意义确定事物的性质和概念，发展出新的唯名论。此外，还有“奥康剃刀”、证据知识和自明知识等，都具体地体现了奥康把词项逻辑与唯名论结合的思想。奥康的唯名论改变了固有的世界图式，打破了以前认为“上帝处在顶端，人可以自上而下推导上帝属性”的等级系统，提出“上帝以下的事物都是平等的个体”的观点。

14 世纪下半叶，奥康的唯名论成为经院哲学流行的学说，被称作“现代路线”，与司各脱主义和托马斯主义的“老路线”对立，这两条路线不仅代表共相性质的分歧，还是两种不同的思维方式和风格。“老路线”代表教条主义的、思辨性的经院哲学传统，而“现代路线”以批判的、经验的、具有科学探索精神作为主要特点。唯名论的思潮从内部瓦解了经院哲学，神秘主义异端、宗教改革、市民和农民反封建反教权的群众运动则是从外部冲击了经院哲学。自 15 世纪开始，西方哲学进入中世纪向近代过渡的时期。

◇第五章◇

解放思想的文艺复兴哲学

文艺复兴大约发生在 1350 年至 1550 年，在意大利形成。16 世纪前半期，文艺复兴思想广泛传播，引起整个欧洲的思想和文学艺术领域的变革。其本意是复兴古希腊文明，实际上却产生了不少新的思想，推动了人们思想的解放。新柏拉图主义和机械论宇宙观的出现和流行，体现了世界观方面的新变化。

人文主义运动与思潮

13 世纪末到 14 世纪初，人文主义运动在意大利开始兴起；15 世纪至 16 世纪时，流行于西欧各国。这是一次由世俗知识分子发起的思想运动。当时，城市逐渐繁荣，市民阶级开始产生，一个世俗的知识分子阶层慢慢形成。

教皇愈发世俗化，诸侯王公争权夺利，让人从不同程度上意识到世俗文化不可或缺。在这样的背景下，人文主义初步形成并得到了发展。那时的人文学科，特别是文学和艺术达到了空前的兴盛，一批文化巨人纷纷涌现：但丁、彼特拉克、薄伽丘、达·芬奇、米开朗琪罗、拉斐尔、斐微斯、拉伯雷、塞万提斯、莎士比亚、爱拉斯谟等。除此之外，这个时期人文主义运动的杰出贡献还有布鲁尼的史学、马基雅弗利的政治学、莫尔和康帕内拉的空想共产主义等。

人文主义思潮的表现形式和思想内容丰富多样，它并非一个统一的思想运动。作为一场文化运动，它主要是关于人文学科文化，特别是古典文化的发现、研究和传播。人文主义者面临的首要困难是语言障碍，因此在意大利掀起了一股学习古希腊语的潮流。西欧社会也兴起搜集和收藏古代典籍的浪潮，柏拉图和亚里士多德的希腊语、拉丁语著作也相继出版。人们积极复兴和仿效古典文化，开始把目光由神转向人，关注人本身。

在思想内容方面，人文主义的实质就是关注人、人的尊严和人生价值。中世纪的宗教学说也研究过人，它提到上帝按照自己的形象创造的人类是最高造物，是凡世的最高目的，世界的一切都是以人为中心创造的。

文艺复兴时期的人文主义者对上帝避而不谈，将研究的重点从人神关系转向人与兽、人和物的关系，注重人与万物的区别，突出人类的地位优越。例如，但丁曾经说过："人和禽兽的根本区别在于人有天赋的理性，能辨别善恶。只有遵循理性的指导，人才能达到善良的心境，才能得到真正的幸福。"

除此之外，人文主义者肯定人的价值，认同人性的自由。总而言之，人文主义者的活动重新唤醒了人们广阔的、被遗忘的精神世界，冲击了基督教思想一家独大的局面。他们对人的本身、理性、现实生活的肯定，赋予人们信心，使人们不再甘心屈服于教会的淫威，推动了人的自我意识的觉醒。

马基雅弗利与第一部政治禁书

马基雅弗利，生于1469年，卒于1527年。出生于意大利佛罗伦萨，是文艺复兴时期意大利著名的政治家、思想家和历史学家。他的父亲是律师，母亲具有一定的文学功底。在父母的教育和家庭的熏陶下，马基雅弗利从小就阅读了不少书籍，能够独立思考，形成了崇尚自由的精神品格。成年之后，他投入政治事业，曾经担任佛罗伦萨共和国十人委员会的秘书长，他的政治才华得到充分的体现。当共和国遭到覆灭，君主制复辟时，他被逮捕后又被释放，最后在佛罗伦萨近郊的乡村过上隐居的生活。这个时期，他撰写《君王论》来抒发他对君主的忠诚和膜拜，意在得到君王的重用。但是，《君王论》还未能发表，佛罗伦萨便发生起义，共和国再次掌权，推翻君主的统治。马基雅弗利又向共和国请求职位。不幸的是他遭到了拒绝，在此之后，他郁郁寡欢，在痛苦和失望中离开了人世。

《君王论》中总结了意大利几百年来的政治事件和激烈的革命，也反映了作者从事政治事业十多年以来的经验教训。当时意大利长期政治分裂，内忧外患，马基雅弗利认为想要抵御外来入侵，消除内部混乱，就必须建立起一个统一的集权政治。他本人热切地盼望建立共和制度，但是也提出只要国王能够利用好手中的权力，倾其所能拯救意大利于水火之中，实行君王制也是喜闻乐见的事情。马基雅弗利认为，目的非常重要，但是手段不一定包括在道德规范之内，是可以独立研究的技术性问题。任何道义都无法联系手段与目的。只要实现目标，无论是多么奸诈卑鄙、背信弃义的低级手段都是可取的。

《君王论》面世以来，对整个世界的政治思想和学术领域都产生了重要的影响，作为第一部政治禁书，它受到无数世人的瞩目。在整个人类思想史上，《君王论》是一部独特的存在：一方面遭受着无情的毁谤和禁忌，另一方面却赢得了空前的声望。问世 460 年以来，它向来是政治家、谋略家、野心家关注的焦点，长期以来受到猛烈的打击。一直到 20 世纪后期，人们才开始用科学的眼光来看待它。《君王论》在西方被誉为影响世界的十大名著之一，是人类历史上关于政治斗争技巧做出的最精辟、最独到、最诚恳的报告。它的作者马基雅弗利也因此被称为第一位把政治和伦理学区分开来的政治思想家。

宗教改革理论的旗帜

人文主义运动席卷欧洲，动摇了教会的权威，宗教改革运动应运而生，势不可当。16 世纪，德国率先爆发宗教改革运动，接着在瑞士、英国、法国以及北欧等国家相继兴起声势和规模巨大的宗教改革运动，之后罗马教会的统治权力大不如前，人们自行成立的新教规模逐渐扩大，经过长期不懈的斗争，最终获得了合法的地位。

我们可以这样理解，宗教改革延伸了人文主义在宗教神学领域的影响，甚至产生了比人文主义更加深远的影响。在这一次改革的潮流中，最具代表性的是路德和加尔文的宗教改革，他们的宗教哲学思想是宗教改革理论的旗帜。

1501 年，马丁·路德在爱尔福特大学学习法律，1505 年获得硕士学位后突然进入修道院研究神学。1507年，他升任为神父，1512年取得神学博士学位，1515年担任维滕贝格大学的神学教授。1517年，他强烈反对教皇用修建圣彼得大教堂作为理由在德国兜售赎罪券，于是在维滕贝格教堂的大门上贴了著名的《九十五条论纲》，由此揭开了宗教改革的序幕。他前后发表了《致德意志基督教贵族公开书》《教会的巴比伦之囚》《论基督徒的自由》三大著作。

路德宗教改革的其中一个核心问题是“灵魂如何获救的问题，是基督教的中心教义”。《圣经》中说：“义人必因信而得生。”路德对此提出：“获救只依靠人的信仰，和善功、教会的中介作用毫无关系。”在《论基督徒的自由》一文中，路德全面、系统而具体地解释了他的“因信称义”学说。路德对于罗马教皇直接统治各国教会的行径进行了猛烈的抨击，宣扬世俗的政权高于教权，倡导每个国家都有权创立、管理本国的教会。这种民族主义的倾向，顺应了当时欧洲各民族国家形成和发展的需要。

在个人权力方面，路德认为人和人的区别就在于信仰的不同。只要受洗入教，心里有信仰存在，人人都能成为祭司，都是“属灵等级”，都可以拥有和教皇、主教同等的权力。每个人都有权阅读和解释《圣经》，并且能够通过《圣经》和上帝直接交流。主持圣礼和传道由专职的人来进行，但是他们仅仅提供一种服务，是“执事、仆人和管家”，没有高于其他教徒的特权。马丁·路德反对教会权威，主张一切思想取决于个人信仰，和当时欧洲各国流行的宣扬个性解放的人文主义思潮的基本精神一致。他打破了人们对外在权威的信仰，但是又在人们的内心恢复了信仰的权威。

加尔文，生于1509年，卒于1564年，出生于法国，曾在巴黎大学接受过良好的教育。1536年为了逃避宗教迫害，他来到日内瓦，并在这里成为宗教改革的领袖。他的代表作有《基督教原理》，这部著作整合了德国和瑞士宗教改革的理论成果，严谨并系统地论述了基督教教义，成为新教改革的主要指导书和经典名著。

加尔文认为，人的本性不是局部堕落，而是整个堕落。他主张的"因信称义"不只是信仰的皈依，而是人从旧至新的全身心的转变。在这个转变之中，心比理智更加重要。理智认识信仰对象，心将把握了的信仰对象转变为情感和行善避恶的意志，信仰在忠诚的心中达到了知、情、意的统一。

加尔文论述"因信称义"是出于上帝的拯救，"因信称义"是上帝的恩典，上帝的选择是预定的结论。他还比其他宗教改革的哲学家更加重视法律，认为上帝的意愿通过法律体现出来，自觉遵守法律就是绝对服从上帝，基督徒的自由是信仰、道德和法律。他曾试图在日内瓦进行双重治理，并把它建设为榜样，称其为上帝之国，实际上是政教合一的专制城邦。

宗教改革运动中建立起来的新教的教义没有超出基督教的信仰范围，但新教的精神理念为近代西欧的哲学发展提供了理论条件。新教的"预定论"解释了人的命运绝对论，被广泛传播到自然哲学领域之后，引发新教徒对自然规律的机械论解释。新教精神在某种程度上促进了资本主义价值观的形成，加尔文的神学思想对资产阶级革命产生了重大影响，他以法国式的尖锐性突显了宗教改革的资产阶级性质。

现代文化的先驱者：布鲁诺

乔尔丹诺·布鲁诺于1548年出生在意大利的一个小镇诺拉，他是文艺复兴时期著名的自然哲学家。布鲁诺成年后流落他乡时，称自己是诺拉人，他的哲学称为诺拉哲学。

布鲁诺的一生波折不断，直到1600年2月17日那天，他在罗马的鲜花广场被活活烧死。英国《不列颠百科全书》评价布鲁诺的哲学理论影响了17世纪的科学和哲学。18世纪以来，他的学说被许多哲学家作为借鉴。19世纪时，他的思想自由学说极大地鼓舞了欧洲的自由运动，这使他成为西方思想史上的重要人物之一，也是现代文化的先驱者。布鲁诺被认为是“唯物论哲学家和卓越的自然科学家”，是一个不懈追求真理的英雄。他在发展唯物主义，反对经院哲学，反对封建神学世界观，论述当时自然科学成果方面做出了极大的贡献。他怀疑中世纪基督教的一切传统，竭力主张思想自由，宣扬无神论。他毕生倾尽全力宣传和发展哥白尼的日心说。

他的思想形成于文艺复兴时期的历史背景中，他反对经院哲学，批判教会，试图复兴古埃及赫尔墨斯主义。赫尔墨斯·特利斯墨吉斯忒斯是古埃及的智慧之神，传说他有巫术、宗教、占星术、炼金术等方面的论著。在这方面，布鲁诺受到了菲西诺的影响。菲西诺（1433—1499）是推动意大利佛罗伦萨新柏拉图主义的文艺复兴者，他翻译了许多柏拉图的著作，还翻译了《赫尔墨斯全集》。

布鲁诺坚信，劣等的基督教压迫着古埃及宗教，他们的十字架是从古埃及的宗教里偷来的。他预言转折将要到来，古埃及的巫术宗教即将复兴，哥白尼的日心说就是复兴的前兆。后来研究布鲁诺的耶茨表明，布鲁诺对哥白尼日心说的态度是由于受到赫尔墨斯宗教崇拜太阳和菲西诺占星术的影响。布鲁诺热情赞颂哥白尼，并在《论不可度量者与不可数者》一书中肯定哥白尼的《天体运行论》是一部“丰碑似的著作”。他坚决传播和捍卫日心体系，通过写文章、公开辩论的方式，与当时的神学家、亚里士多德学派进行不懈的斗争。

布鲁诺认为哥白尼只是一位数学家，不明白日心体系的重大意义。他在另一本著作中把哥白尼学说作为古代真理和真正的哲学，这些学说长期被埋没，但如今即将复活。古代曾有人提及日心体系，哥白尼也提到他的前辈，但布鲁诺预言的复兴，不是天文学、数学意义的，而是巫术、埃及真理，还有赫尔墨斯认为太阳是可见神的真理。布鲁诺从赫尔墨斯宗教和占星术的立场支持哥白尼，在耶茨看来，布鲁诺对哥白尼体系的理解，反映了文艺复兴时期真正的科学和赫尔墨斯主义的边界存在模糊的不确定性。

布鲁诺还认为哥白尼通过数学推导出地动说，但布鲁诺不是从数学的角度来支持的，他坚信宇宙是统一的，地球是一种物质，物质不会消亡，但是会改变它自己的形式。地球运动就是物质改变形式，从而使得地球不断再生。15 世纪的神学家尼古拉进一步发展了泛神论思想，布鲁诺也深受其影响，坚信神是无限的。

著名的科学史家柯瓦雷研究布鲁诺时说道："布鲁诺用巴黎唯名论者的动力学来代替亚里士多德动力学，他似乎以为这种动力学为他的学说奠定基础，但这个信念通过历史可以证明，是错误的。"柯瓦雷还认为布鲁诺的论述在那个时代没有产生任何重大的影响，仅仅是捍卫哥白尼日心体系，没有对科学理论做出贡献。

布鲁诺并非从科学的角度提出无限宇宙、无数个世界的观点，虽然他的无限宇宙思想没有充足的科学依据，但是强烈地冲击了经院哲学的自然观，冲破了中世纪教会的禁锢，推动人们思想解放，追求创新，起到了不可忽视的历史作用。

理性的批判与反思：近现代西方哲学

PART 3

◇第一章◇

培根开启的近代哲学革命

弗兰西斯·培根是欧洲近代唯物论的鼻祖，培根的哲学研究主要体现在以下几个方面：四假象说、自然哲学、经验论的基本原则、经验归纳法等。除了培根，霍布斯的国家主义政治哲学、笛卡儿的二元论、斯宾诺沙的唯物论和无神论、洛克的唯物经验论等都很有影响力。

培根的近代唯物论

弗兰西斯·培根，生于1561年，卒于1626年。他身世显贵，在詹姆斯一世登基之后发迹。他终身致力于撰写《学术的伟大复兴》这部著作，1620年发表了第二部分《新工具论》，是一部科学史上具有重大意义的著作。

培根是科学史上一位极具争议的人物，他在英国皇家协会的奠基人眼中是新科学方法论的先知。但是20世纪的历史学家柯瓦雷和狄克斯特修斯认为他没有在科学上取得任何成就，也没有对亚里士多德主义进行针对性的批判。培根的哲学思想是唯物主义的，他从哲学原理出发，进一步研究科学的方法问题。他提出，科学的目的是要通过新发现和新发明来提高人类的生活水平。这是他哲学的突出特点之一，他还提出了“知识就是力量”的著名口号。

培根主张科学理论和科学技术应该相辅相成。他极力反对经院哲学和唯心主义，提倡双重真理说，强调发展自然科学在人类生活中的重要性。他认为自然是物质的，物质世界多种多样，是能动的。人类获取知识的目的是要认识自然和征服自然。所有的知识来源于感觉，感觉是可靠的。

培根的哲学研究主要体现在四假学说、自然哲学、经验论的基本原则、经验归纳法等领域。

四假学说体现培根对经院哲学的深刻批判，他依据不同的错误来源把假象分成种族假象、洞穴假象、市场假象、剧场假象，并对其进行了深入的分析：种族假象是因为事物个体的差别导致人们主观形成偏差，洞穴假象是人们认识事物的时候夹杂着不少自身的主观成分，市场假象是人们在语言交往过程中产生的误解，剧场假象是人们心中产生的假象。他指出，假象是浮现在人们脑海中的错误观念和人们的偏见，使他们无法认识真理，阻碍科学复兴。

培根认为，真正的哲学是自然哲学，他最早投入恢复自然作为科学研究对象的合法地位，树立了以“形式”为核心的唯物主义自然观。他的自然哲学在近代哲学初期有明显的过渡性质，他的思想依据是古代哲学，最主要的部分是以感性经验为基础的物理学。他认为，科学都是以实验为基础的，用理性来整理感官获取的材料。理性方法的主要形式是归纳、分析、比较、观察和实验。

运动是物质最重要的固有属性，世界的本质是物质的，物质是万物的本原，也就是原初物质。形式是事物的运动规律，决定物体单纯性质的原则和事物的本质规定性，他的自然观与形式学说具有朴素性和幻想性，也体现了物质中的“质”具有多样性，认同了物质和运动不可分割且运动形式具有多样性。同时他还认为，观察到事物的形式就能从思想中获得真理，进而获得行动自由，反映了朴素辩证法的思想。这使培根的哲学与后世机械唯物主义的思想观点区分开来。

培根是近代哲学史上第一个提出经验论基本原则的哲学家，他认为人们所得到的知识都源于经验，感觉表象是认识的起点，而且感觉具有局限性，但是可以通过科学实验来弥补。他主张从经验上升至理性，把经验和理性相结合，他还在哲学研究中把科学实验引进认识论。关于经验论的讨论体现了这个学说在当时的重要地位，经验论详细、系统且深入地探讨了知识的对象、途径、方法和客观性等问题。

培根认为人们要用理性的方法来整理感性材料，即通过归纳、分析、比较、观察和实验。方法论的问题在他的哲学探索过程中占据重要地位。他在批判经院哲学旧逻辑的同时总结出经验归纳法，他后来被称作经验归纳法的倡导者。

培根的经验归纳法由三大步骤组成：收集材料，用“三表法”整理材料，进行归纳。“三表法”包括具有表、接近中的缺乏表、程度表。归纳也可以分为三个小步骤：排除法，尝试得出正确结论，纠正解释偏差的几种帮助。培根在建立近代唯物主义哲学时，着重发展经验归纳法，所以他的唯物主义带有朴素性和自发性。他的哲学虽然接近古代哲学，但是认可科学的真理和神学的真理。

霍布斯的国家主义政治哲学

霍布斯，生于1588年，卒于1679年。是英国近代著名的哲学家、思想家、政治学家，对近代资本主义国家及其政治思想做出了巨大的贡献。他和培根交往甚密，所以思想上深受培根影响。他进一步发展了培根的经验主义和实验主义哲学，走在数理逻辑和符号语言哲学的最前列。他在认识论、逻辑和政治问题上的研究成果，使后来的洛克、莱布尼茨、休谟、康德、孟德斯鸠、卢梭等人得到了很大的启发。

霍布斯作为近代最出名的英国国家主义者，为近代英国君主制和保守主义国家政治学说奠定了基础。18世纪法国在启蒙思潮中陷入百年动荡，在霍布斯的保守主义国家政治学说作为政治基础的条件下，大英帝国君主立宪制尽管历经了多种动乱，但依然稳定传承至今日。霍布斯极力宣扬国家的政治权力，他提出的国家主权论，以自由主义的人性为出发点，推导出只有国家才能规范人性的观点。霍布斯的论述中提到，国家主权和法律制度至高无上，地位比任何宗教组织和教会都要高，国家法律的地位高于神的法律。在整个西方政治学说史里，除了霍布斯，没有人对国家主权给出这样绝对的肯定。

霍布斯重视政治权威，更甚于马基雅弗利。他倡导政治应高于一切宗教和道德。当时英国社会动荡不安，人心惶惶，很多革命者发起动乱。1651年，霍布斯出版了关于国家绝对主义的论著“巨灵”——《利维坦》，遭到当时许多媒体和舆论的批判。后来这部书却演变成英国300多年政治保守主义的治国经典名著。

事实上，美国的政治思想在建国初期主要借鉴启蒙思想，后来却恢复使用修正的霍布斯国家主义作为统治理论依据。霍布斯这部论著的中心论点是建立一个强大的国家，号召强大的君主和强有力的权威。主权者必须掌握一切政治社会的权威，无论是个人还是议会，主权都应该是绝对的、无限的，而且不得分割，不能转让。

霍布斯把政府体制分成以下三类：第一类是共和国政体，包含两种形式，一是民主政体，二是贵族政体；第二类为君主政体；第三类为专制政体。他认为，任何政治体制的社会都会遇到两种危险：一是专制；二是无政府的混乱状态。后者比前者更加可怕。

霍布斯政治哲学的最初观点是“自由”，他从人性自由这个前提引申出绝对国家主义理论。但是，按照“自由”的原意就明白这是不可能实现的，因为没有任何自由不受某种束缚，无论这束缚是天然的还是人为的。他还认为第二个属于人性的基本观点是“自私”或“自利”，人的本性就是自私自利的。“自私自利”是人性的“自然权利”或“人权”的基础，来自人天生的生存欲望。自然权利来自“天赋”（“天赋人权”的概念原型），不是人或制度赋予的。第三个观点是自然法。法是对人的权利的限制，人的天赋权利允许我们可以做什么，法律则规定我们不可以做什么。霍布斯指出近代西方法学和政治学的一个非常重要的定义，就是“自然秩序”和“自然法”。法分为两种：自然法和成文法。凡是人制定的法律，都称为成文法，成文法是通过国家拟定的。自然法则不一样，自然法源于自然秩序，是上帝给人类制定的，反映了上帝的意志。

霍布斯认为，放任人性自由，追逐利益，肯定会招致人和人的战争，只有他们共同签订某种协议，同意不再彼此争斗，才能改变这种情况。这种社会契约具有一定的客观基础，这个客观基础只能依据“自然法”和“自然秩序”。之后边沁的功利道德理论、卢梭的社会契约论、天赋人权的理论原型都是霍布斯的学说。霍布斯学术最关注的是人和国家的关系，国家是由人组织起来的人工巨灵，比自然人更加强大，创造它的目的是保护自然人。

民主的、专制的、贵族的三种体制的国家，它们的权力范围都没有本质的区别。无论是哪一种政体，第一目标都是维持社会安稳。如果要比较这三种政体是否优良，不应该依据它们权力的绝对程度来判断，而是应该看哪个政体更容易让社会安稳繁荣。他不否认绝对主权者变成专制的可能，但是即便是最坏的专制，也比没有政府要好。只要认为国家有存在的必要，就要建立一个至高无上、绝对无限的主权。一个主权国家一定要有权威和强制力量，国家重要强制权威应该包括下面几项：一是主权者有制定国家法律的权力；二是主权者掌握司法权；三是主权者有权力镇压所有动乱；四是主权者有权预防一切煽动和叛乱行为。霍布斯认为人的行为是根据思想发生的，主权者若要维持社会安稳和平，就要规范人的行为。

实际上，欧洲中古封建时期没有专制，只有城邦自由民的民主。历史上欧洲专制主义盛行发生在两个时期：一是罗马时期；二是近代重商主义和殖民主义时期。专制主义中央集权的民族国家崛起，是近代资本主义原始积累时期的必然要求。从马基雅弗利、让·博丹到霍布斯的政治国家主义概念，就是顺应了历史的必然要求。

“现代哲学之父”笛卡儿

笛卡儿，生于1596年，卒于1650年。他出生于法国，是近代著名的数学家、物理学家、自然科学家、哲学家，是解析几何学的奠基者，同时也奠定了欧洲近代资产阶级哲学基础。他主要代表作有 1628 年完成的《指导哲理之原则》、1634 年完成的《论世界》、1637 年匿名出版的《方法论》以及 1644 年出版的《形而上学的沉思》和《哲学原理》。

笛卡儿是近代哲学史中首个把几何学引进哲学的人，凭借主体性原则为近代哲学奠基以及确定方向。他的数学和哲学对历史产生了极其重大的影响，他的墓碑上刻着人们评价他的一句话："欧洲文艺复兴至今，笛卡儿是首个给人类争取且保障理性权利的人。"黑格尔评价他是"现代哲学之父"。他的学说自成一体，融合了唯物主义和唯心主义，在哲学史上具有重要意义。他被誉为欧洲科学界和哲学家最具影响力的伟人之一，是"近代科学始祖"。

笛卡儿在求学的过程中就开始怀疑和否定经院哲学，他创立了以数学为根本，以演绎法为中心的方法论和认识论，对后世的学者研究数学、自然科学和哲学有巨大的启发。1637 年，笛卡儿用法文写成《方法论》，书中附有三篇短论和一篇序言，分别是《折光学》《气象学》《几何学》和《科学中正确运用理性和追求真理的方法论》。其中《几何学》最具代表性，提高了他在数学史上的地位，这也是他仅有的一本数学论著。

笛卡儿的哲学思想，主要表现为以下几个方面：

笛卡儿用数学"公理 + 演绎"的方式构建哲学体系，以此来获取真正的科学知识。在这个体系中，"我思"是演绎的原始命题，作为最基础的事实，是所有哲学论证的根据。笛卡儿从"我思"引出著名命题"我思，故我在"，进一步证明心灵、物质和上帝存在及性质的有条理的形而上学。"思"指的是肯定自我心灵存在的精神活动，它包含抽象的思维、理智、感觉、情感、想象和欲念等，是一个复合的定义，是意识活动的统称。笛卡儿认为，"我思”真正的意义是自我意识，规定它的两种基本特性：内在性和直接性。正因为意识的两种基本特征，所以“思”很容易被理解，它作为我们的直接对象，存在于我们内部。他这个观点和乐观的态度极大地影响了后来的心灵哲学发展，推动内省成为一个重要的方法，并且为近代以来的西方心灵哲学中的内省主义原则提供理论基础。19 世纪末，冯特的内省心理学把内省主义发展到最高峰，后来遭受行为主义的打击逐渐衰落。由此看来，笛卡儿的“自我意识”理论对西方哲学史的重要意义不可忽视。

笛卡儿以“我思”作为建立哲学体系的出发点，其实是把“思”与“自我意识”当作哲学的绝对依据，把“自我意识”放在最重要的位置上，作为所有讨论心灵概念和存在论等问题的基本条件，这是心灵哲学明显的特征。

提及笛卡儿为近、现代西方心灵哲学的贡献，人们谈得更多的是他的“心身二元论”，认为这才是他开创近、现代心灵哲学的标志。心灵的研究不是新的论题，早前的柏拉图、亚里士多德、托马斯·阿奎那等哲学大家也提到过，但只有笛卡儿提出“心身二元论”，把心身关系系统地提取出来置于哲学之前，使心身关系成为西方心灵哲学研究的核心问题。因此，人们认为笛卡儿是现代西方心灵哲学的奠基人，使西方心灵哲学达成现代化的转变。

笛卡儿的“心身二元论”分为两个层面：第一，实体层面，也就是心灵实体和身体的相互对立；第二，性质或属性层面，也就是心灵的属性“思”与物质的属性“广延”的相互对立。二元论的基本含义为：无论处于哪个层面，对立的每一方都无法复原为另一方。笛卡儿认为，心身互为实体的二元论仅有存在象征的意义，不具有实质叙事的意义，它只作为二元维度的符号，以互为属性的二元论体现它的实质含义。

笛卡儿心灵哲学的主要目的是论证“心身二元论”。他坦言自己把大多数精力集中在证明心身的绝对区别上，以“思”和“广延”中绝对的不可还原性作为依据进行论证。在这个基础上，他又提出一个命题：只要清晰地了解一件事物不牵涉另一物，就能证明这件事物与另一物不一样。这个命题是论证“心身二元论”的基本准则，又称为“差别性法则”。

如何解释身心关系中关于心身结合和相互作用，是最让笛卡儿为难的问题。这个问题涉及了科学和哲学，笛卡儿用二元论把这个问题中的心、身对立分割开来，使问题变得更加尖锐，也让更多人意识到解决这个问题并不容易。他研究心身结合与相互作用是在二元论体系下深入研究心身关系，解决“心身二元论”对立和心身结合的矛盾。

笛卡儿认为，心身结合的观点来自“思”与“广延”两种属性的结合，使心身结合既有知识的含义，也有本体存在的含义。这一理论出乎笛卡儿的预料之外，后来他分辨出三类概念：灵魂的概念、肉体的概念、两者结合的概念。这个观点是他对“心身二元论”的重要改造，是他哲学研究早期和中期的分割点。笛卡儿根据“思”与“广延”的绝对差异标准来区分心和身，但是这个准则并不适用，因为心灵不能凭借这个标准分开“心身结合”与“心”和“身”。当笛卡儿倾注最多心血在心身结合问题上时，他的心灵哲学思想最具现代化意义，可惜的是他生命短暂，无法做进一步的研究。此外，他的《论灵魂的激情》一书中体现了他的研究难以脱离机械论和时代的局限。

近现代的心灵哲学中，非常流行把人比作机器的观点，笛卡儿强烈反对“人是机器”的说法，他认为人有理性，但动物是非理性的，非理性的动物可以被当作机器，但是具有理性的人不该被看作机器。笛卡儿首次把理性作为区分人和机器的标准，具有重要意义，超越了传统心理学的范围。如今看来，笛卡儿的观点有值得肯定的地方，机器思维确实至今依然未能达到人类思维的高度。

笛卡儿的许多理论和先见为后世提供了珍贵的借鉴，完善了近现代心灵哲学和心智科学的知识体系。

斯宾诺莎的唯物论和无神论

巴鲁赫·斯宾诺莎生于荷兰的一个犹太商人家庭，继母的信仰促使他形成了宽容的精神，进而培养了他的哲学理性主义精神。斯宾诺莎的一生思想自由、品德崇高，是众多哲学家的榜样。他的代表作主要有《笛卡儿的哲学原理》《神学政治论》《伦理学》《知性改进论》等。

斯宾诺莎童年时期被送入犹太教会学校学习希伯来文、《旧约全书》和犹太典籍等，接触到两位优秀的启蒙老师——莫泰勒拉比和伊色特尔拉比。莫泰勒拉比主张维护犹太正统礼教，伊色特尔拉比则有异教徒倾向。在接受教育之后，斯宾诺莎更热衷于追求真理。

1581年，荷兰的资本主义经济快速发展，吸引了不少著名学者前来进行学术活动，当地也产生了不少优秀的学者，斯宾诺莎就是其中一位。斯宾诺莎结束学业之后投身商界，丰富了他后来的哲学研究。青少年时期，斯宾诺莎开始怀疑犹太的《圣经》具有异端化的倾向。之后，他研究《圣经》和犹太经典，从犹太哲学家和其他哲学家的道德学和形而上学中吸收精髓。

斯宾诺莎了解到布鲁诺的自然哲学和笛卡儿的新哲学，他用神、自然和实体共同表现一个最高存在，用这个概念来创建自己的哲学体系。他的优点在于他对各种思想兼容并包，整合分析，以更高的水平来构建哲学体系，而且坚持自己的观点不动摇。于是，他越来越偏离犹太教的哲学思想，他认为灵魂就是生命，没了生命，灵魂就会消失。他反对上帝是超越世界的精神支配，认为天使是不存在的。

24 岁时，斯宾诺莎被开除教籍，逐出教会。脱离犹太教会后，他把名字中的巴鲁赫改为拉丁文的别涅狄克特。《略论神、人和人的幸福》是他为朋友写的著作，也是他第一部哲学论著。他的《笛卡儿哲学原理》和《知性改进论》，前者是斯宾诺莎首次尝试用欧几里得的几何方法论证哲学问题；后者主要讨论认识论和方法论，是《伦理学》的先导著作。

1663 年，斯宾诺莎撰写《伦理学》，抨击了《旧约全书》的上帝，在自己的书中创造了一个新的“上帝”。1670 年，他匿名发表了《神学政治论》，引起了巨大的反响。政治上的保守派和神学家都强烈反对这本书，纷纷向政府请示禁止此书。

多次搬迁后，斯宾诺莎到了海牙，一直坚持写作。1675 年，他历时 13 年终于完成了《伦理学》，书中完整地阐释了他的哲学体系。他把行为问题作为研究哲学的起点，通过崇尚理智发现答案，认为理智的爱才能催生好的行为。斯宾诺莎由此过渡到近代思想，同时他还从世界各个具有代表性的哲学家的思想中吸收精华。1677 年，斯宾诺莎病逝。他在短短的 45 年生命中致力于追求自由和真理，为人类哲学史做出了巨大贡献。

在斯宾诺莎看来，人有两种方式认识事物的真实性，一是通过事物存在的时间和空间，二是从自然的必然性出发。他坚信世界是无限的，广延性是空间的特征。世界又是永恒的，没有开始，也没有结束，具有不可逆转的特性。宇宙是无限的，无数微小原子联结起来形成有序的世界。斯宾诺莎把所有存在的事物统称为自然、神或实体，“自然”“神”“实体”分别体现了万物总和、本原、基质的统一，神和实体与自然同义，神是实体，实体是自然，三者等同。这个新观点体现了斯宾诺莎思想的变化，否定宗教的创世说，他进一步提出，神等同于宇宙本身，具有物质性。他还认为，神不具有理智和意识，神的力量、法则等于自然的力量、法则。

斯宾诺莎的实体观点不同于笛卡儿的观点，他认为宇宙是一个系统，只遵从一种定律，只有一个实体，并且世间万物都是互相联系的。他始终坚持一元论的观点，在这个哲学观中，神是无限世界的本质，世界万物都带有神的本质，体现了泛神论的特点。他肯定人未能全面了解神，但不妨碍人们了解神已知的属性。

斯宾诺莎主张自然和心灵和谐统一，事实上是反对宗教的泛神论。他还认为人的生活方式受掌握知识的多少所影响，善与真相辅相成。最佳的认识方法是可以表现自然本原的观点，对此开展演绎推理的方式。他建立真观念学说，以此推动演绎系统的建造。

真观念意指“符合其对象”，它是能动的要素，主要体现在：第一，真观念是一种深入求知的方法；第二，真观念的出现表示有了真理的准则。除此之外，斯宾诺莎把知识分作三种：一是意见与想象，从听闻或经验得到的知识；二是通过理性推理得到的知识；三是直接把握本质得到的直观的知识。在斯宾诺莎看来，人们的认知上升到直观知识的层次时，就会形成对神或自然理智的爱，人从爱中得到满足，才能到达完满和最高的善。知识等级的观念是“真观念”学说的深化，神和自然具有同一性，斯宾诺莎通过这一性质融合了宗教和科学，使宗教术语具有科学性含义。

斯宾诺莎的哲学理论显然偏向伦理化，相比于哲学，他更注重道德学说。因此，伦理学成了他哲学思想体系中的最终归属。

他主张人们通过追求知识和善来追求心灵的幸福。真正的幸福是分享善的事物，最大的幸福是对神的认知。人只有在神的体系中，才可以体会到自己真正的价值。

斯宾诺莎去世后的 100 年里，他的哲学被世人遗忘，直到康德对此进行研究才再度出现。斯宾诺莎是近代理性主义的重要代表人物，他的哲学思想渗透到现代思想史的方方面面。

洛克的唯物经验论

1632 年，洛克出生于英国威灵顿，青年时期在牛津大学学习，获得了学士和硕士学位。在学习的过程中，他对科学非常感兴趣，同时也喜爱医学，并取得了医学学士的学位。洛克结识莎夫茨伯里伯爵后，遇到了人生重要的转折点。由于受莎夫茨伯里自由政治思想的影响，他被迫逃亡。1704 年，洛克永远地离开了人世。

1690 年，洛克凭借《人类理智论》著称于世，书中阐述了人类知识的来源、性质和缺陷。他的观点可以归纳为经验主义。从他的理论中可以看出，培根和笛卡儿对他产生了不小的影响，而洛克的思想又对乔治·伯克利主教、戴维·休姆和伊曼纽尔·坎得等哲学家产生了一定的影响。尽管《人类理智论》最大地体现了洛克的创造性，亦是经典的哲学论著，但他的政治著作产生的影响比这更大。

1689 年，《论信仰自由书》发表，洛克在书中提倡国家不应该干预人们的宗教信仰自由。洛克并非是提出施行宗教信仰自由的第一人，但是他列举出支持宗教信仰的证明，获得了众多人的支持。洛克将这种宗教信仰理念传播到非基督教徒的群体当中，他认为就算是邪教徒或伊斯兰教徒，也应该拥有国家相应的民权，不应该因他们信仰的宗教被剥夺权利。但这种主张并不适用于天主教徒和无神论者，因为在他看来，这些人拥护外国的君主。这样的言论显得洛克气量小，但人们应该站在他所处的时代来讨论这个主张。

《论政府》是洛克最重要的著作，他在书中论述了自由宪政民主的基本思想，这个政治理论对使用英语作为主要语言的国家和地区影响更加深刻。洛克认为，人人生来都有权利，这些权利包含人生、个人自由和占有财产。保护个人和臣民的私有财产是政治的主要宗旨，这种观念有时又被称作“更夫政治”。

洛克认为王权不是由神授予的，统治者需要得到人民的拥护，才能获得政府的权威。人的社会自由只受限于依据国家意志构建的立法权，而不受限于其他立法权。受到托马斯·霍布斯的影响，洛克着重关注社会契约论。霍布斯提出社会契约论是为了维护专制主义的，而在洛克眼里，社会契约论可以撤销。在立法者极力争夺人民财产，将人民当作奴隶进行独裁统治的时候，就形成立法者与人民对立的情况，所以人民不会屈服，而是迫于奋起反抗。

另外，当人们意识到立法机关违背职责、滥用职权时，就会利用自己掌握的至高无上的权力，来要求立法机关进行解散或者重组。洛克对革命权力做出的辩护对托马斯·杰斐逊和其他美国革命家产生了深刻的影响。

洛克主张国家机关应当分散权力，但是立法机关的权力要高于行政机关和司法机关，立法机关拥有最高权力。在洛克看来，国家遵循大多数人统治的规则，但是政府的权力需要有一定的限制。人民生来就具有的权利和财产权都不能随意被毁坏。

综上可见，在美国革命爆发的 100 多年前，洛克就已经把他的思想具体地表达出来了。他对托马斯·杰斐逊产生了极大的影响，他的思想也传播到欧洲大陆，例如法国，他的思想理论间接推动法国大革命的爆发和《人权宣言》的发表。尽管洛克没有伏尔泰和托马斯·杰斐逊那么出名，但是洛克的理论著作更早于他们，对他们思想的发展具有重要的启迪作用。

莱布尼茨的客观唯心论

莱布尼茨是德国近代哲学的先驱、数学家和自然科学家，他承袭并进一步拓展了笛卡儿的哲学思想，他的哲学代表作有《新系统》《形而上学论》《神正论》《单子论》《论自然与神恩的原则》和《人类理智新论》等。莱布尼茨的哲学思想主要围绕机械论、单子论和认识论展开。

17 世纪时，机械唯物主义哲学家基本上都认为物质唯一的特性是广延性，他们还未能具体阐述事物的多样性。对于事物的变化和事物之间的差别，他们主要是通过构成对事物的原子数量与位置排列来把握的。由于 17 世纪的机械唯物论仅从量的方面判断事物性质的方法存在漏洞，所以莱布尼茨开始重点关注物质的区别。他认为构成事物的多样性的是“单子异质”，是一种形成事物的精神性构成实体。

莱布尼茨致力于寻找一种从质和能动性上都是单纯的、无形的、永久不变的实体来作为万物的根本。他分析了三个点：一是物理学的点；二是数学上的点；三是形而上学的点。“单子”就是形而上学的点。

世界万物本质上都是实体的，这就要求实体一方面具有单纯性、统一性，另一方面具有内在的能动性。“单子”就是这样的精神实体，具有客观存在性、非物质性、数量无限多、能动的特征。一切事物的“灵魂”和“隐德来希”都是通过它来表现的。

莱布尼茨支持客观唯心主义思想，在单子论的哲学观点谈论过程中，他指出，单子是能动的客观精神实体，组成世界万物，通过物质来对外表现，还是无限多、无法分割的整体。灵魂是人体中的最高单子，这种单子不受外界影响，形成一个闭塞的自我的世界。在此前提下，莱布尼茨提出和心身关系有关的心身平行论。他认为灵魂单子和身体单子间不存在因果关系，而且各自不受对方影响，依照自己内在的规律运作，但互相协调且整体保持一致，体现了“预定和谐”的意义。

莱布尼茨在后来的哲学研究中，更加深入地使用连续性的理念来解释单子的等级和观念等级。在他看来，人类的观念有很多不同水平的意识性，比无机物、植物、动物更加优越。按照意识的不同水平，观念分为几个不同的等级。其中“统觉”是最有意识性的观念，“微觉”是最无意识性的。清晰的统觉可以由众多微觉组成，具有意识性和较强的主动性，它能够让人觉察到自己的内心感受和思维活动等。

莱布尼茨肯定笛卡儿的天赋观念论，强烈否定洛克的经验论学说。人是有天赋、理性的，感觉经验只是一种媒介，并不能使人由此获得知识。人们可以通过感觉经验领会到先天的理性，把心中模糊的知觉转变为清楚的知识理念。

单子论是一个比较完善的客观唯心主义哲学系统，其特征明显体现出莱布尼茨重新使用古代哲学的辩证法要素，通过能动性来弥补机械论的不足。他还用单子来阐述一和多的辩证关系，每一个单子既是一，也是多的统一；宇宙也是单纯的一，但也是多的统一，即无数的个体构成的一个整体。

由于历史的局限性，莱布尼茨踏入了形而上学的误区。比如，他从精神和物质的区别出发，把物质看作被动的存在，无法完全解决问题。但他宣扬的能动性、个体性等原则对德国哲学具有深远的影响。

莱布尼茨的认识论产生于单子论的前提和基础下，他的单子论包含认识论，他的认识论主要是阐述心灵表达、感受世界万物的方法。

莱布尼茨的《人类理智新论》一书中批判了洛克的《人类理智论》和思想，对自己的认识论观点进行了以下几方面的具体解释：

第一，批判经验论。莱布尼茨在《人类理智新论》中揭露了感觉经验的限制性，通过感觉获得的真理不具备普遍必然性，是不可取的。第二，天赋观念论。进一步阐述笛卡儿的天赋观念论，以单子的单纯性和内在原则作为基础，认为人们一切观念都出于天赋，观念和真理作为潜能天赋存在于心中。第三，两种真理，即推论的和必然的真理、事实的和偶然的真理。有两个原则可以检验这两种真理，分别是矛盾原则与充足理由原则。

莱布尼茨的两种真理理论偏向综合唯理论和经验论。他一针见血地批判了经验论，力图协调唯理论和经验论，但是受限于唯理论的立场，他的理论成果作用不明显。从某种程度上而言，他走上了唯理论的极端。当他在哲学界崭露头角时，17 世纪流行的机械论自然观已经透露出局限性，经验论和唯理论的优缺点也日渐明朗。

◇第二章◇

18 世纪的法国启蒙哲学

18 世纪的法国启蒙哲学以 17 世纪的哲学作为直接的思想来源，它主要研究人和社会，形成系统的、完善的社会政治理论体系，开始探究历史哲学和文化哲学。这个时期主要的代表人物有孟德斯鸠、伏尔泰、卢梭、孔狄亚克、拉美特利、狄德罗、达朗贝尔、爱尔维修、霍尔巴赫等人。他们被称为法国启蒙思想家，主要是因为他们主动担负了反对封建专制、宗教迷信和愚昧落后的责任。他们宣扬自由、平等和博爱，主张理性、科学和进步。这些思想家从 17 世纪哲学家提出的自然法、社会契约论、人性论和人道主义等理论出发，全面并深入研究人和社会，构建了完善的资产阶级社会国家学说理论体系。在自然哲学方面，18 世纪，法国哲学家把机械唯物主义变得更加彻底和完善，构建了典型的机械唯物主义的理论体系。他们把 17 世纪的理性主义转化为现实的政治原则，他们用理性主义作为反对宗教意识形态的准则。因此，18 世纪的法国思想家大部分是自然神论者或无神论者。

孟德斯鸠和伏尔泰的改良思想

18世纪，孟德斯鸠和伏尔泰是大资产阶级的思想代表，他们提出要革新封建专制制度、宗教制度、贸易等，通过改革推动资本主义经济的发展，使他们的政治地位更加稳固。但是，他们仍然无法彻底摆脱传统的经济和社会制度。他们担忧人民会掀起反抗斗争，计划实行改良。资产阶级社会地位使得他们的改革无法彻底推翻旧制度，只能进行一些抨击宗教、封建制度弊端的浅层改革。

孟德斯鸠，生于1689年，卒于1755年。出生于法国，是18世纪著名的启蒙思想家之一。他早期专注于学习古希腊和古罗马的著作，之后被英国政治制度吸引。他曾经担任波尔多法院的院长。他知识渊博，涉猎广泛，对自然科学、法律、历史、哲学等学科都有所了解，还研究社会发展的规律，寻求改善法国社会现状的方法。辞去职务后，他四处旅行，接触了不同的政治制度和人文风俗，进一步了解了新兴的市民资产阶级。孟德斯鸠通过法哲学的方式表述他的政治理念，他的代表作有1721年的《波斯人信札》、1734年的《罗马盛衰原因论》和1748年的《论法的精神》。

孟德斯鸠历经10年，整理好在巴黎的见闻和一些无理的现象，匿名出版了书信体小说《波斯人信札》。本书事实上是通过文学写作来探讨政治话题，批判了当时法国腐败的封建统治阶级和社会制度。孟德斯鸠还大力抨击宗教的弊端，在书中刻画了伪善的教会人士和晦暗的宗教生活，披露了宗教制度对封建制度的重要维系作用。《波斯人信札》在18世纪的启蒙运动中率先对封建传统观念发起冲击，推动思想解放运动的发展。1748年，孟德斯鸠发表《论法的精神》，引起了巨大的轰动，此书被誉为资产阶级法学的“百科全书”，影响了之后美国的《独立宣言》和法国的《人权宣言》。

孟德斯鸠的资产阶级国家和法学理论，对后世的政治制度具有重要意义，直接影响法国大革命，后来扩展到全世界。孟德斯鸠将政体划分为共和政体、君主政体和专制政体三种。他承袭了洛克的分权理念，主张“三权分立”，对资产阶级政治制度的建立具有重要的价值。他把权力分为立法权、司法权和行政权三部分，由三个不同的国家机关掌握，权力相互制衡。君主行使行政权，议会行使立法权，法院行使司法权。孟德斯鸠还认为只有国家实行分权与制衡，才能保障公民的生命自由。

孟德斯鸠代表资产阶级主张平等、自由，包括言论、信仰和出版自由，取消财产的极端不平等，提出要在法律的制约下实现自由。他还提到了刑罚应该与犯罪内容相符，反对暴力逼供。

孟德斯鸠认为，法律体现了人的理性，要注重法的作用。他的政治理论、法律学说为资产阶级法学奠定了坚实的基础，对后世资产阶级的政治制度产生了深远的影响，直至今日还在延续。

伏尔泰，生于1694年，卒于1778年，原名弗朗梭阿·马利·阿鲁埃，出生于法国巴黎，是18世纪著名的启蒙思想家。他主要的哲学代表作有《哲学通信》《形而上学论》《论灵魂》《哲学辞典》等。

受牛顿和洛克的影响，伏尔泰否定笛卡儿提出的形而上学和“天赋观念论”，非常认可洛克的哲学思想，思想主要偏向于唯物论的经验论。他认为物质世界是真实存在的，人们的感觉是最原始的观念，是观念和知识仅有的来源。这体现了伏尔泰思想中形而上学的限制，在历史观上有唯心论的倾向。

伏尔泰是个特殊的自然神论者，他认同上帝创造了世界，推动世界发展，但上帝在创造世界后就一直休息，与世界再也没有任何关联，所以世界是根据自身的定律在运转。马克思和恩格斯认为这也是一种唯物主义思想，体现了对宗教神学的反对态度。伏尔泰把自然法作为人为法的依据，认为人性中蕴藏着自然法，人为法与自然法越相近，和谐社会就更加指日可待。

伏尔泰指出国家的产生来源于暴力，民族之间相互争斗，在战斗中获得最终胜利的人将拥有统治权，发展君主的权力，国家由此诞生。伏尔泰深刻地批判了封建制度，否定教权主义。他指出人们缺乏教育才会导致社会罪恶的发生，教会拥护的蒙昧主义大大地阻碍了反封建进程。他立足于资产阶级的利益，主张消除中世纪规章制度的束缚，废除等级特权，恳求国家没收教会的土地，要求国家权力大于教会。但是资产阶级的局限，使得他的主张受到限制。

伏尔泰的哲学思想既反映了唯物论倾向，又对唯心论做出妥协，游走在唯物论和唯心论之间，体现了法国大资产阶级的妥协性和反人民性。他既反对天主教和教权主义，又反对无神论，认为宗教有必要继续存在。他的思想中充满矛盾，折射出当时法国资产阶级一面提倡改革，一面畏惧人民群众的特点。

卢梭的小资产阶级激进派思想

雅克·卢梭被称为法国启蒙运动中最激进的思想家。法国大革命中，雅各宾派把卢梭的自由、平等和人民主权的思想作为思想和战斗的指导理论。作为启蒙思想家的其中一位，卢梭不仅仅停留在理性、文明等思想中，他还关注到自然与文明的对立关系，揭露人类社会不平等的根源，对社会的发展进行更加深入的思考。为了对抗社会的不平等现象，卢梭提出关于共和国理想的观点，对后人产生不同程度的影响。

生活的挫折与艰难使得卢梭更加懂得民生疾苦。大约20岁时，卢梭开始学习贝尔、笛卡儿、洛克、莱布尼茨、孟德斯鸠和伏尔泰等人的论著。1742年，卢梭在巴黎与孔狄亚克和狄德罗结为好友，加入启蒙运动阵营。卢梭发表的论文《论科学和艺术的复兴是否有助于敦风化俗》《论人类不平等的起源和基础》使他蜚声文坛，著称于世。后来，卢梭继续出版了《新爱洛伊斯》《社会契约论》《爱弥儿：论教育》等论著，以及《山中书简》《忏悔录》等自传性作品。1778年，卢梭逝世。卢梭的社会政治学说是他生前最大的贡献，主要讨论"社会不平等的根源"和"克服社会不平等的方法"。卢梭在一定程度上开启了启蒙运动时期的自我反思与批判。

卢梭以自然法的理论作为前提，提出了社会政治学说，指出自然与社会存在的矛盾。在他看来，寻求人类不平等的根源，必须从人的"自然状态"说起。卢梭用抽象分析法，比较社会的人与自然人，探求去除社会性的人的自然本性。"自然状态"下的人只存有简单的欲望需求，自然人的心灵中存在着"自我保存"和"怜悯"两个最原始的原则，这两个原则催生了自然法的准则。后来，人通过"自我完善化"和借助外部因素从自然状态进入社会状态，语言、文明、道德等开始出现。人与人的交流促进社会的形成与发展，这时候产生了私有制，就是造成人类不平等的根源。卢梭提出的"私有制是造成人类不平等的根源"观点具有重要意义，他认为私有制是历史发展的必然结果，无法消除，只能对其进行相应的制约。以这个概念作为出发点，卢梭又更进一步地阐述了社会不平等的发展阶段。

人类社会中存在着两种不平等，一是自然不平等，二是社会不平等。在自然状态下，人与人的差异不明显，但是处于社会状态下，社会的不平等会导致自然不平等越来越明显。社会不平等有三个发展阶段：第一个阶段体现在私有制的产生。私有制导致统治和奴役关系、暴力与掠夺关系的发生，推动社会陷入战争。第二个阶段是私有财产受法律保护。在战争中，社会地位更高的人为了巩固自己的利益，假意与受奴役的人签订契约，创立国家政权，人们形成了统治与被统治的关系，富人的财产被法律保护起来。第三个阶段是专制统治的形成。富人居于统治地位，受到法律的保障，权力更加稳固，政府的腐败促使权力高度集中，形成专制统治，统治者自认为自己是国家的主人，把人民当作奴隶。人类文明不断进步，却导致人类不平等的程度越来越深，道德越来越堕落。恩格斯对卢梭关于社会不平等发展阶段的观点给予了高度评价，他的思想中反映了深远的辩证法思想。

卢梭社会政治学的最高目的是自由和平等。《社会契约论》探讨的是如何实现社会平等的途径。卢梭致力于寻求一种合法的社会契约，以此取缔不平等、不自由的社会契约。合法的社会契约能够推动合法权利和正常的政治制度的建立，契约能够使人类社会形成一个具有公共人格的共同体，之前称作“城邦”，如今称作“共和国”。共和国的主权属于人民，在人民主权的国家，每个人既是统治者也是被统治者，两者的意义是相对的。卢梭否定洛克和孟德斯鸠的分权学说，认为人民主权是不可分割的。卢梭既不赞同专制，也不赞成君主立宪制，主张建立民主共和国。他提出的社会契约，用道德和法律的平等取代自然的不平等，从而真正落实了人与人之间的平等。

卢梭的思想受到诸多争议，他的思想和其他启蒙思想家确实不同。卢梭的政治学说对康德的研究具有启迪作用，进一步反思启蒙主义，时至今日，依然有极其重要的理论与现实意义。

法国唯物论哲学的代表人物

拉美特利、狄德罗、霍尔巴赫、爱尔维修和孔狄亚克等人都是18世纪法国唯物论哲学的代表人物，也是百科全书派的重要人物。百科全书派是唯物论支持者在启蒙运动中的聚集地，它与其他文学流派不一样，因为编写《百科全书》而著称于世，该学派的哲学家们一致否定封建主义和宗教神学。百科全书派的领导者是狄德罗，启蒙思想家们通过《百科全书》向封建势力发起冲击。这本书体现了启蒙运动的精神，表示法国启蒙运动发展到高潮。

拉美特利，生于1709年，卒于1751年。他出生于布列塔尼地区，是18世纪唯物主义哲学的第一人。他早期修习神学，后来学习医术，并出版了不少医学著作。1745年，他的第一部哲学论著《心灵的自然史》面世，1747年出版了《人是机器》，这两部作品导致他受到教会的反对和迫害，被迫逃亡到普鲁士。之后，他又出版了多部哲学著作《人是植物》《伊壁鸠鲁体系》和《论幸福》等。他在自己的哲学论著中，有条理地研究和探讨自然，深入了解人和人的心理活动、道德生活等问题。他的思想理念中透露出他的唯物论和无神论精神，非常值得后人借鉴学习。

狄德罗，生于1713年，卒于1784年。他出生于法国朗格尔市，是法国启蒙思想家之一，支持唯物主义，同时也是文学家，他领导百科全书派并参与编撰了《百科全书》。1728年，狄德罗到巴黎路德维克大公学院学习逻辑学、修辞学、伦理学等，而且接触到培根和霍布斯等哲学家的经验论哲学。1732年结束学业后，一直以写作为生。狄德罗在哲学、美学、文学方面都颇有见地。1745年，狄德罗开始参与《百科全书》的翻译工作。

狄德罗一生最大的成就就是编写《百科全书》，他与伏尔泰、卢梭等著名哲学家同处于一个时期。撰写《百科全书》耗费了狄德罗27个春秋，写书的同时，也在与封建制度做斗争。《百科全书》不是一般的书籍，而是反抗封建制度和宗教神学，宣扬启蒙思想的武器。狄德罗的代表作还有1746年的《哲学思想录》、1747年的《怀疑论者的漫步》、1749年的《供明眼人参考的谈盲人的信》、1753年的《论解释自然》、1770年的《关于物质和运动的哲学原理》，等等。

狄德罗既是百科全书派的精神领袖，又是启蒙思想家的杰出代表。他在哲学上试图大力发展唯物主义自然观，并使其超越机械论和目的论。他把17世纪以来的唯物主义哲学发展到一个新高度，从主张自然神论转变为无神论。这个哲学理论的发展，体现了18世纪唯物主义哲学的最高峰，对后来辩证唯物主义的产生具有重大意义。

霍尔巴赫，生于1723年，卒于1789年。他出生于德国，是18世纪时法国最激进、最深刻的唯物主义者，支持无神论。大学学业结束后，到了法国，与狄德罗等人结为好友，加入编写《百科全书》的队列之中。他的代表作有《被揭穿了的基督教》《神圣的瘟疫》《自然的体系》《健全的思想》《社会的体系》等。

受拉美特利、爱尔维修和狄德罗等人的影响，霍尔巴赫接触到唯物主义思想理论，学习并承袭了17世纪以来的机械唯物主义和唯物主义经验论。他致力于建立唯物主义哲学体系，并在这方面做出了巨大贡献。他主张的无神论、反封建反神学从根本上冲击了整个欧洲，遗憾的是由于时代的局限性，他无法脱离机械唯物主义的误区，最后发展成决定论和宿命论。

克洛德·阿德里安·爱尔维修，生于1715年，卒于1771年。他出生于巴黎，是18世纪法国唯物主义者之一。1751年，他加入百科全书派。1758年，他出版著作《论精神》，但后来被罗马教会查禁。他的代表作还有《论人》和《论人的理智能力和教育》。他主要研究人心、人的情感和幸福，建立了感觉论的人学和功利主义伦理学，形成了人学和道德学的思想体系。

孔狄亚克，生于1715年，卒于1780年。他出生于法国南部，是18世纪法国哲学的代表人物之一。在巴黎结识狄德罗后，也加入到《百科全书》的编写队伍中。他的哲学代表作有《人类知识起源论》《体系论》和《感觉论》等。他的哲学思想是18世纪启蒙运动中不可或缺的重要部分。

机械唯物论和无神论思想

狄德罗的哲学思想明显受拉美特利的影响，但是又不同于拉美特利极端的机械论。他的思想是18世纪法国唯物主义哲学最高水平的标志，他提出物质世界是普遍联系和自身运动的，拒绝用孤立、静止、片面的眼光看世界。

狄德罗支持唯物主义一元论，他认为世界之所以统一是因为它具有物质性。物质世界是普遍联系的世界，各种事物都存在联系，不会单独存在。物质和运动不可分割，运动是物质自身具备的能力，物质分子具有相互作用。这将唯物主义的观点上升到一个新的高度。他还认为运动是物质的固有属性，运动是绝对的，而静止是相对的。

以物质运动作为前提，狄德罗提出质的多样性。他还提出关于生物进化论的观点，组成其辩证法思想中的一部分。他使用进化论的思想辩驳当时流行的“预成论”，他认为预成论既违背理性，又违背经验。在他看来，自然是不断变化的，不存在全然重复的东西，一切事物生了死，死了生，不断循环往复。物质具有“迟钝的感受性”和“活跃的感受性”，前者为无机物所有，后者为有机物所有，前者要在特定的条件下才能转化为后者。他还提到，生物进化的过程中发生着矛盾运动。狄德罗认为人的精神道德受生理活动和遗传因素的影响。

霍尔巴赫在哲学上的最大成果是构建了一个严密完整的机械唯物主义哲学体系，对 18 世纪法国唯物主义世界观进行了系统的整理。他的著作《自然的体系》被后人赞誉为“唯物主义的圣经”。

霍尔巴赫从广义与狭义上解释了自然的含义，他认为宇宙汇集了一切存在着的事物，物质的总体是自然。他解释物质是可以用任何一种方式令感官产生刺激的东西。他肯定世界的统一是因为它具有物质性，同时他在唯物主义的前提下，继承并改进了莱布尼茨的单子异质观点，肯定了物质的质的多样性。霍尔巴赫强烈反对 17 世纪唯物主义的物质惰性论，坚持运动是物质的固有属性，宇宙万物是一直运动着的。物质运动形式的多种多样取决于物质性质的多样性。他还把运动分成两种：获得的运动和自发的运动。他认同运动的普遍性和绝对性，但是他否认发展的观点，认为自然界只是一直循环，没有发展。

霍尔巴赫还认为，一切运动都是有规律可循的，自然界受必然性主宰，在机械论的角度认为物质运动的规律是有因果关系的，忽视了偶然性，误入了机械决定论的错误中。他还提出，认识来源于感觉，感觉反映外物。

霍尔巴赫的哲学思想以抨击宗教、传播无神论思想为主，他认为上帝是不存在的，反对君权神授，揭穿教会和封建专制君主狼狈为奸的恶行，否定蒙昧主义，斥责宗教过分鼓吹信仰，贬低理性，妨碍自然科学发展。霍尔巴赫看到宗教带来的不良影响，却没有关注到宗教存在的历史根源。

相比于 17 世纪的唯物主义思想，霍尔巴赫的唯物主义思想有所进步，他肯定了物质与运动不可分割，认为物质的运动是自发的，承认了运动普遍存在而且具有绝对性，静止是相对的。

关于物质和精神的关系，近代哲学史上对此争论不休，一直存在两个阵营。拉美特利认为心灵的体系分为唯物论体系和唯灵论体系。他认为物质是自然界存在的唯一物体，凭借自身永恒地存在着，坚持唯物主义一元论。他提出物质既有广延性，又有运动力，运动是物质的固有属性，这就揭示了上帝是不存在的。拉美特利还大力抨击宗教神学，认为唯物主义是观察自然、研究自然的成果，是独一的真理。

他还认为人的心灵对身体有依赖性，符合机械运动的规律，这体现了拉美特利机械唯物论的思想。但是把人的生理运动总结为简单的机械运动，是不合理的。拉美特利还认为，人和动物之间不存在本质差别。在他看来，物质还存在第三种性质，就是潜藏在物质内部的感觉能力，思想是人脑的特性。人的心灵和身体相互依存，人的身体死亡，心灵也会随之灭亡。

拉美特利关于心身关系的特殊见解，借鉴了当时自然科学的研究成果，超越了 17 世纪的机械唯物论、二元论和自然神论，大大打击了宗教神学，巩固了唯物主义思想体系。但是，拉美特利无法解释物质运动的原因，所以他的唯物主义思想依旧停留在机械论中。

大力批判 17 世纪唯理论形而上学是孔狄亚克的最主要的哲

学成就，他继承并发展了洛克的经验论学说，指出唯理论中以理性为出发点追求真理的观点是片面的，反映了经验论存在的局限性。孔狄亚克反对笛卡儿的天赋观念论和唯理论，还否定了斯宾诺莎的实体学说和莱布尼茨的单子论。

在孔狄亚克眼中，莱布尼茨的单子论并没有说明单子的问题，笛卡儿的天赋观念论违背经验，否定了通过感觉观念获取知识的观点，斯宾诺莎的实体学说把实体认为是感觉观念的汇总，无法充实人们的知识。

唯物论和反映论

在爱尔维修看来，感觉是人类一切认识能力和知识的根本，人类通过身体感觉获取观念，没有所谓的反省经验。爱尔维修从洛克的经验论出发，提出人的身上具备两种能力：一是“肉体感受性”，通过肉体接触外界形成的感觉印象；二是保留前面感觉印象的记忆。

爱尔维修认为人是机器，肉体感受性的本质是人们追求快乐，回避痛苦。快乐和痛苦分为两种：一种是肉身的快乐与痛苦；另一种是预料的或记忆中的快乐与痛苦。

爱尔维修在哲学研究中，区分了“灵魂”和“精神”的概念。他提出，灵魂具有物质性，人一出生就有灵魂，如果身体死了，灵魂也会随之消散；精神是非物质性的，它来源于人类的认识和思想活动。灵魂在人的身上体现为一种感觉能力，但是它与精神不可分割，精神依附灵魂存在。物质性的灵魂与精神大有不同，精神依赖灵魂而生，是通过灵魂活动形成的最终结果。

以认识论和方法论为基础，狄德罗提出感觉具体反映了外部世界，观念来源于外部感觉和内部感觉。要进行认识活动，首先要肯定客观存在的作用。人类通过感官接触外部世界的对象，产生独特的感觉、记忆和理智，作为观念保存在人的心灵当中。相互联系的观念推动人的认识和思维活动的发展。

在狄德罗眼中，哲学有两种类别：一是实验哲学，具备许多实验仪器，侧重搜寻新的事实资料；二是理性哲学，不使用任何仪器，由许多理论观念作为参考，重视比较、对照和联系各种理念。因此，这两种哲学都是不全面的，研究哲学必须把理论与实践相结合。于是，狄德罗主张观察、思考和实验三者合一的研究方法，只有做到这三点，才有可能获得正确的认识，得到认识后，还要通过实验来检验认识的准确与否。

在哲学研究的过程中，孔狄亚克坚持感觉论的观点。他传承了洛克的经验论学说，进一步发展经验论，更加彻底地改造了经验论的基本原则。但是他不可避免地同洛克一样，误入不可知论的谬误中，不仅认为心外有物，而且认为心中只存在观念。他反对观念来源于反省的说法，认为人们所有的知识和能力都来自感觉。

在孔狄亚克看来，观念是由心灵的反省活动形成的，这里的知觉既可能是现实的，也可能是记忆中的。观念分为两种：单纯观念和复合观念。单纯观念是单一的感觉，而复合观念是多重感觉组合。后来，孔狄亚克又从不同角度进一步把观念分为两类：感性观念和理性观念，知识来源于感性观念，以理性观念为前提。

孔狄亚克认为，人们形成的观念只能反映事物的表面，并不能体现事物的本质。他借助机械论提出物体的根本属性是广延性，只要人们知道广延性，就能论证事物的存在。

社会政治和伦理思想

18 世纪的法国唯物论支持者，为了顺应资产阶级革命的发展要求，建立了社会政治理论和伦理学。这些理论是资产阶级人性论的体现，与宗教蒙昧主义和禁欲主义形成对立局面。

法国唯物论者在社会政治和伦理学理论的基础上，指出人与人组成了人类社会，只有彻底研究人，才能获知社会发展的规律。人是自然的产物，遵循自然规律，所以研究人类社会，就是探讨人的自然本性和发展规律。

在人性论方面，人的身体是物质构成的，所以人也有物质的普遍性质。根据感觉论的观点，人的普遍属性是趋乐避苦，这既是人生存的自然法则，又是人的共同本性，这种本性最后归咎为“自保”或“自爱”。

按照人性论的主张，法国唯物论者着重批判了宗教神学的禁欲主义。禁欲主义压抑、违背人性，不尊重人的价值，忽视人正常的欲望需求。于是，唯物论者针对这一点，大力宣扬“关注人的价值”“个性解放”“保障人权”等理念，为资产阶级革命奠定思想基础。他们主张的人性论，实际上是资产阶级的唯心论思想。资产阶级人性论在当时资产阶级革命运动中具有重要作用，但是伴随着无产阶级力量的兴起，资产阶级人性论也成了打击无产阶级的理论武器，甚至有可能在无产阶级统治社会的条件下，成为资产阶级复辟的思想基础。

资产阶级的人性论主张自由平等，并阐述了自己的政治理念。值得注意的是，人性论中倡导的自由平等是相对于资产阶级法律思想而言的，仅代表资产阶级的利益。法国资产阶级革命的哲学家将唯物论融合进社会生活，提出新的观点，认为人的智力和感情天生就是一样的，之所以会有道德和精神上的差别，是后天教育和社会环境造成的。

法国唯物论者的社会历史观点有唯心论的倾向。他们认为人是从环境中产生的，法律的好坏对环境具有重大影响，法律由立法者的主观意志生成，而后又没有论述立法者的意志，最后总结出“意见主宰世界”，这种观点有失偏颇。之后，他们运用唯物论中的感觉论的基本原理来阐述人们的道德伦理，进而发展成资产阶级功利主义的伦理学。他们认为人类社会发展的动力来自物质利益，否定超自然力量，是思想进步的体现。遗憾的是，阶级的局限性导致他们无法脱离历史唯心论的误区。此外，无神论思想也是 18 世纪法国哲学的重要特征，与宗教神学彻底展开思想斗争。

在这个时期，爱尔维修的伦理学具有重要意义，下面将从两个方面重点讲述：

第一，爱尔维修以利益为中心构建了资产阶级功利主义伦理学，提出人是从环境中产生的，一切由法律决定的社会历史观。

在爱尔维修看来，自爱是趋乐避苦，是人共同拥有的本性，是欲望和情感的基础，永恒而无法改变。人们的自爱本性将会导致利益的争夺，利益决定了人们的判断和行动。因此，爱尔维修认为追求利益是人类社会发展的规律之一。利益分为三类：个人利益、小集体利益和国家利益。在他眼中，个人利益并不是罪恶，他所向往的是一个大集体以共同的利益作为目标的和谐社会。爱尔维修的功利主义强有力地在启蒙运动中打击了宗教和封建制度，但依然有局限性。

第二，环境和意见。爱尔维修认为，人和外界形成“刺激－反映”

的关系，事物对人产生作用，人的精神反映这些作用，这就是教育。人与人之所以存在差别，是不同的教育和环境造成的结果。改进教育，实际上就是改变环境，也就是推翻旧的封建专制制度。爱尔维修还肯定“环境决定意见”的说法，教育和环境决定了人的思想和道德。如果要改变环境，就要建立好的法律，改革政治制度，向社会大众征求一致的意见。

综上所述，法国资产阶级哲学家的思想既有进步，也存在无法避免的局限性。18世纪法国的思想家为了迎合革命的要求，构建起一套完善的社会政治思想体系，他们的唯物论和无神论对于反封建专制制度具有重大的历史作用。

◇第三章◇

从康德到黑格尔

18 世纪末至 19 世纪初是近代哲学甚至是整个欧洲古典哲学系统化的时期，德国哲学中以康德、费希特、谢林和黑格尔为代表，对欧洲哲学进行了系统化、规范化的概括和总结，建立了一个又一个庞大的哲学系统，把古典哲学推向发展高潮，也就是最后的发展阶段。之所以称为“德国古典哲学”，是因为这一时期的德国哲学极具代表性地体现了古典哲学的基本特征，而且将其精神发挥得淋漓尽致，在一定程度上实现了它的理想。

相比于当时欧洲的其他国家，德国在政治、经济等方面都十分落后。16 世纪的宗教改革对德国哲学具有重要作用，但是它还是具有非理性倾向，宗教争斗引发的战乱破坏了德国社会发展。当英、法等国经过资产阶级革命斗争，资产阶级确立统治地位的时候，德国依旧处于封建割据的境况，因此黑格尔曾经哀叹，德国没有一个完整国家的样子。然而，因为意识形态相对独立，德国一直受欧洲文化影响。尽管在政治、经济方面非常落后，但是德国在文化领域取得了卓越的成就，终于在 18 世纪末 19 世纪初时，走在哲学领域的前方。德国的哲学家和其他近代哲学家一样，都在思考深刻的哲学问题，建立形而上学的体系时，也承担着启蒙的责任。从某种意义而言，德国古典哲学标志着近代启蒙主义发展的最高水平。

康德与“三大批判”

伊曼努尔·康德，生于1724年，卒于1804年。他创立了德国古典哲学，是启蒙运动时期著名的思想家之一。

康德的一生可以分为两个阶段，以1770年为分界点，前期专注于自然科学研究，在1755年完成《自然通史和天体论》，还做出论述太阳系产生根源的星云假说。后期他致力于哲学研究，1781年出版了《纯粹理性批判》，1788年出版了《实践理性批判》，1790年出版了《判断力批判》，这三本著作并称为“三大批判”，是康德哲学体系完成的重要标志。三大批判中，对认识论、伦理学和美学进行了深刻的研究和探讨。

在政治方面，康德支持自由主义思想，他肯定法国大革命的历史作用，主张建立共和政体。1795年，他发表了《论永久和平》，书中构造了议制政府和世界联邦的概念。1798年出版的《人类学》是康德在世的最后一部著作，概括并总结了他所有的理论学说。康德在晚年享有盛名，是一位受人拥戴的哲学家。

康德构建了一套完善的哲学体系，这对于以批判哲学为主的他而言，是一个巨大的成就，他还曾在哲学的范围内掀起一场哥白尼革命。当时，欧洲盛行两种哲学理论：一是洛克、休谟等主张的经验主义；二是笛卡儿等人倡导的理性主义。支持经验主义思想的哲学家认为人的经验是人类认识与获取知识的来源，支持理性主义思想的哲学家则认为人的理性是人类知识的起源。

康德认为，知识是通过感官和理性获得的，人生来就可以把经验转变成知识，也就是范畴。如果没有天生的范畴，我们就不能认识和理解世界。这个观点融合了英国的经验主义和欧洲大陆的理性主义。此外，康德的伦理学学说也具有非常重要的作用，他还通过太阳系的概念做出一个大胆的理论假设，被称为“康德－拉普拉斯假设”。

在康德眼中，时间和空间具有特别的含义。他在《纯粹理性批判》中说，没有物体能够处在没有时间和空间的世界中。这就说明了如果没有时间和空间，经验就是不存在的，时间和空间是一切经验的前提。经验必须从心灵之外获得，人能够认识自己周围的世界，但是永远不能认识自己，必须有时间、空间和范畴才能生成知识。

康德否定并推翻了休谟因果律的观点。休谟认为人们看到两个现象相互联系是出于习惯，而不是由于因果律。人们不能感觉到因果律的存在，所以休谟片面地认为人们不能证明因果律的存在。但是，在康德看来，人类的理性是因果律的来源，他一方面承认休谟提出的因果律不来源于经验的观点，另一方面却坚信自然法则即人类认知的法则可以由此证明。所以因果律反映了人类的理性。

在宗教方面，康德认为上帝的存在无法通过经验或理性来证明，人们设想上帝存在，是为了维护社会道德。他称这种信仰是“实践的假设”，也就是为了实践而设立的无法证明的假设。

在伦理学的问题上，康德反对外因主宰意志的观点，他主张意志为自己立法，人类天生就能辨别是非，这种能力不是后天得到的。这里提到的自然法则至高无上，一切情况皆可代入使用，是普遍存在的道德规范。在康德看来，单纯为了义务而行动才称得上是真正的道德行为，如果是带有利益目的来做事的行为，就不能称作道德的行为。所以，一个人的行为道德与否，在于其做事的动机。康德还提到，人们的行为符合道德规范，才是自由的，因为人们所做的都符合自己制定的道德规范，如果是随心所欲，为所欲为，就不能称为自由了，这样会令人不自主地成为一切事物的奴隶。康德的学说主要解决四个问题：我可以认识什么？我应该思考什么？我期盼什么？人是什么？

哲学界评价康德是“说不尽的康德”，时至今日，康德的批判哲学体系依然熠熠生辉，后人还能从其学说中挖掘出巨大的实用价值。

“耶拿的灵魂”费希特

约翰·戈特利布·费希特，生于1762年，卒于1814年。他出生于普鲁士萨克森州的拉梅诺，是德国古典哲学的重要代表人物之一，在近代宣扬道德宗教思想过程中做出重大贡献。《试评一切天启》是他的第一部著作，使他著称于世，他在书中用先验哲学来表述理性主义宗教观。为了更好地阐述他的人本主义和理性主义宗教观，他又发表了《论我们信仰上帝统治世界的根据》《向公众呼吁》《法律辩护书》等著作。他的思想观点受到歌德、席勒、荷尔德林、黑格尔的赞誉，把他称为“耶拿的灵魂”“这个世纪最伟大的思辨家”。之后，他进一步研究哲学理论，完成了《人的使命》和《极乐生活指南》。他把基督教教义和知识学相结合，阐述绝对自我和上帝的关系，探究他学说中的精神世界理论。他主张道德与宗教统一，将纯粹道德理想和上帝的信仰融合，倡导人们打破感性约束，遵循道德规范。这体现了费希特从理性主义出发，构造道德宗教的观念。

费希特继承了康德的哲学思想，他在《试评一切天启》这本书里合理地诠释了天启信仰，并且重点探究了天启概念的起源、必要性和评判标准。他认为，天启的概念起源于宗教。

受康德哲学的启发，费希特的论证也是从道德准则开始的。宗教信仰的起源无法通过感性和理性证明，但是能够用道德准则和道德意志的反思进行解释。在费希特看来，道德秩序有两种意义：一是作为道德准则的保障；二是属于超感性世界。

费希特将道德理想的高度上升到与宗教齐平，他坚信上帝就是道德秩序，他反对把上帝人格化，认为上帝不是实体。他还认为，人的范畴是人格和意识的起源。他确信，宗教的本质就是先验哲学信奉的道德秩序，先验哲学主张人们建立道德规范。当费希特认为上帝是道德秩序的时候，体现了他学说中关于上帝的几个概念：

第一，上帝与道德秩序同等时，就表示上帝和道德规范密不可分。第二，上帝的存在是永恒的、无限的，拒绝把上帝人格化，上帝不是实体。上帝作为一种道德秩序，时空的限制对他不起作用。第三，不能通过“存在”来表达上帝，上帝是一种行动，具有无限性和能动性。

上述特征反映了费希特的宗教学说非比寻常，对于上帝的概念并不像之前那样以传统的标准来解释，他先建立理性先验哲学理论，运用道德法则的意义，揭露上帝和善、伦理以及人们行为准则的统一。从这里我们可以看出，费希特一直追求纯粹的道德理想。

从纯粹哲学上来说，费希特提出的上帝的概念相比于康德的观点更具有优越性。费希特的思想观念中，上帝就是道德世界秩序，是绝对第一的，这就统一了上帝与道德秩序的关系。从此，上帝完全道德化，费希特把康德主张的“道德导致宗教”演变成“道德与宗教相等”，他把宗教哲学和伦理学合为一体。人们把费希特这种宗教观念叫作“道德神学”。

费希特到了柏林之后，重新审视自己的宗教哲学观念，他通过《人的使命》和《极乐生活指南》这两部著作，更加具体全面地论述了自己的宗教观，加深了宗教信仰的程度，逐渐从主观唯心主义过渡到信仰世界。这个时候，费希特的宗教观与知识学的变化紧密相连，纷繁复杂，值得关注的是以下几点：

第一，是感性世界与超凡世界相互联系。感性世界变化多端，超凡世界是无限的、永恒不变的。他认为想要进入超凡世界，只能通过道德行为和信仰。

第二，是上帝概念的变化。费希特坚决反对把上帝人格化，上帝是无限存在的。上帝的地位至高无上，人与上帝有明显的差别。

第三，是生活与存在的关系。费希特通过解决生活与存在的关系，向绝对存在过渡，还论证了实践理性需要对道德和宗教进行论述，来指导人们生活。只要信仰上帝，就能从生活中真正达到极乐。

费希特主张上帝等同于道德秩序，人们可以通过信仰和道德行为认识这个道德秩序，道德化的上帝在世界中无限存在，这个观点可以称作以道德为内核的泛神论宗教观。这体现了费希特在近代德意志宗教哲学中把宗教观理性化的特点，在康德的宗教哲学前提下深化了道德哲学的发展。晚期的费希特认为自己的学说稍有空泛，于是调和知识和信仰、道德与宗教，引出新的“爱上帝”

的观点，反映了人生的本质意义和最高理想。费希特的宗教观点包含了辩证法思想，也蕴含了对宗教的热情，对后世的哲学研究具有重要的启发作用。

德国古典哲学集大成者：黑格尔

黑格尔，生于1770年，卒于1831年。他出生于德国西南部，将兴起于康德的德国哲学运动发展到高潮，尽管他对康德的思想有诸多批评，但他的哲学体系还是从康德的学说基础上建立的。黑格尔的历史哲学极大地影响了政治理论，比如说马克思就是黑格尔的忠实拥护者。

在政治方面，黑格尔的思想包含自由主义和保守主义，为自由主义思想创造了新方向。他的政治观念结束了西方近代资产阶级革命时期的政治理论，他的学说适应了资产阶级革命的需要。

青年时期的黑格尔沉浸在神秘主义之中，致使他后来的观点可以看作是理智化的神秘之物。出于对神秘主义的兴趣，黑格尔在他的学说中保留了一个观念：分立性不是实在的。他认为，现实的就是合理的，合理的就是现实的。经验主义者所说的事实，必定不合理。复杂的多种样式的全体，黑格尔把它称为“绝对”的精神的。他否定了斯宾诺莎主张的全体具有广延性的观点。

在黑格尔看来，世界的本原是绝对精神，绝对精神不是超乎世界一切物质的东西，它在不同的发展过程中展现出不同的形式，包括自然、人类社会和人的精神现象。所以绝对精神就是事物不断更新、发展、永恒的生命历程。黑格尔致力于研究哲学，就是为了运用自然、社会和思维表现绝对精神，探索它的发展阶段和规律。事实上，他研究的是思维与存在的辩证关系，是站在唯心主义的立场上论证它们的辩证统一。根据这个问题，黑格尔构建了客观唯心主义哲学体系，把绝对精神发展过程分为三个阶段：逻辑学阶段、自然哲学阶段和精神哲学阶段。黑格尔利用辩证法的原则，详细地解释了每个发展阶段。

黑格尔不同于倾向形而上学观点的人，区别主要体现在黑格尔注重逻辑和“辩证法”的三元运动。黑格尔的《逻辑学》（作者于 1831 年计划出版第二版，但未完成便已去世），是他毕生最重要的著作，想要理解他的思想，就要去了解这部书。黑格尔解释，逻辑和形而上学是一回事，但是又和普通的逻辑全然不同。辩证法是由正题、反题与合题构成，真理的获得需要经历辩证法的所有过程，如果把认识看作一个整体，那么它就具有三元作用。知识来源于感官知觉，感官知觉仅存在对客体的意识。用怀疑批判的态度对待感觉，然后使认识变为纯主体的。最后，它实现认识，在这个过程中，主体和客体没有差别。因此，认识的最高形态就是自意识。

在黑格尔眼中，思维达到最佳状态的时候，思想是非常顺畅的。真和假不一定是绝对的对立，没有东西完全是假的，也不存在任何事物都是真的。一些答案从一定的角度而言是真的，但是在哲学的意义上未必真实。在哲学上，“真理即全体”，所有部分事物都不完全是真的。

根据黑格尔的观点，无论是从伦理还是逻辑来谈论时间历程，都是从不完善到逐渐完善的过程。他认为这两种意义难以区分，是因为逻辑的完善性就如同一个精密的全体一样，不存在独立的部分，像有理性的精神，形成一个各部分相互依存、趋同于单一目标的有机体。这也是伦理完善性的概念。黑格尔还认为，理性支配世界，所以世界历史进程是合理的。

黑格尔提出，民族精神是历史发展的本原，每一个民族在每一个时代都有它达到辩证法过程的使命。他强调民族和自由的概念，是他政治哲学的重点，表达了他对国家的高度评价。他的《历史哲学》和《法哲学原理》中都有关于国家哲学的观念，和他的一般形而上学观点大体一致。从宗教改革开始，国家的概念得到赞颂。黑格尔是路德派的激进新教徒，他在关于国家制度的理念上步入了惊人的极端。他认为国家是理性的，如果国家为了个人利益而存在，那么个人既可以是国家的一员，也可以脱离国家。但是，国家和个人的关系并非如此简单。国家的真正意义在于国家是客观的“精神”，个人作为国家的一个部分，所以才具有客观性、真实性和伦理性。理性的国家是无限的。黑格尔还认为，战争在某种程度上是无法避免的，通过战争可以看清世界财产物品都是空虚的，战争能够保全人们的伦理健康，战争并非绝对的恶，具有一定的必然性。

黑格尔的形而上学观念中，强调国家的地位，使教会的地位有所下降。面对黑格尔的哲学时，人们不可避免都会遇到一个基本问题：与部分相比，全体是否具有较多实在性和价值？黑格尔认为是肯定的。实在性的问题属于形而上学的问题，价值的问题属于伦理学的问题。

黑格尔是德国古典哲学的集大成者，他在批判近代西方哲学的前提下，吸收了唯心主义和辩证法的思想，构建起西方哲学史上最大的哲学体系。他的哲学思想极大地启发了后人，甚至在今日依然有巨大的借鉴价值。

◇第四章◇
非理性主义的巨大洪流

非理性主义在19世纪得到进一步的发展，与思辨哲学、实证主义形成现代哲学三足鼎立的局面，对20世纪众多思想、文化和艺术流派产生深刻的影响。其中最值得关注的是叔本华、克尔凯郭尔和尼采。他们把目光放在人身上，关注人的本性和生命。他们认为理性的进步使灵魂变得不安，力图重新建立人类的理性。理性在他们看来只是一种手段，生命才是最重要的。

他们崛起于理性主义传统和新教伦理对人类生命的蔑视之中，吸收了宗教和哲学的神秘主义精华。非理性主义在19世纪理性主义发展的巅峰中形成一股巨大的洪流，引起了哲学家们深刻的反思。

悲观主义哲学家叔本华

叔本华，生于1788年，卒于1860年，出生于但泽。他不同于一般的哲学家，他是个罕见的悲观主义哲学家。他爱好广泛，对艺术和伦理学有浓厚的兴趣。他是19世纪至20世纪期间第一个侧重“意志”的人，在形而上学方面，“意志”是基本概念，在伦理学上却是邪恶的。这种对立思想只存在于悲观主义中。叔本华坦言他的哲学思想来自康德、柏拉图和优婆尼沙昙的《奥义书》。

1818年，叔本华发表《世界之为意志与表象》，遗憾的是并没有引起关注。他的代表作还有《充足理由律的四重根》《作为意志和表象的世界》《论自然意志》和《伦理学的两个根本问题》等。

叔本华对哲学的含义具有特殊的理解，他认为哲学是没有前提的，不以科学为依据。相反，科学要以哲学作为依据。

叔本华的哲学体系是根据康德体系进行改造的，但是与费希特和黑格尔主张的观念全然不同。叔本华保留了物自体的概念，把它看作与意志一样的事物。他认为，通过知觉感受到的我的身体实际上是我的意志，道德律与意志有关。叔本华与康德一样，都承认时间和空间是一种现象，物自体不存在于时间或空间之中。由此看来，叔本华把我的意志看作是一种实在，只有一个，没有时间限制。此外，他还认为一个人的意志和全宇宙的意志是同一回事。在此，叔本华的悲观主义致使他的观念朝另一个方向发展，宇宙的意志是罪恶的，所有的意志都是罪恶的，幸福是不存在的，愿望一旦得不到满足，人就会陷入痛苦之中。自杀是毫无用处的，轮回说从本质上来说是不真实的，世界上的一切都如此悲惨。但后来他在印度发现一条出路。

他认为苦难源于强烈的意志，只要减少意志的使用，就可以减少痛苦。某些知识是有用的。人与人的差别属于现象界的一部分，透过真相看清世界，就能消除差别。善人都知道万物是统一的，人和人的差别只体现在表面上。他还提出爱是同情心，与周围的人的痛苦有关。当意志发展到一定的阶段时，就会产生认识。认识令意志衍生出自我意识，并以此指导自己的行为实践。认识可以肯定意志，作为意志的工具；同时认识也可以否定意志，使人不被意志所迷惑。

对于实践的问题，叔本华的观点与禁欲的神秘主义趋同。他认为善人会保持贞操，注重清洁，自主实行斋戒和苦行。无论遇到什么事情，都会压制自己的意志。这里善人所做的事，不同于西方神秘主义中与神达成和谐的善，这个善是消极的。在他看来，世界的一切事物都是意志的客观反映。

叔本华主张的知命忍从主义前后有矛盾，而且不实在。他信奉的神秘主义者以冥想为信仰，从“至福直观”中可以获得最深刻的认识，也就是至高的善。基督教主张认识神就是人类的永生，但是叔本华并没有提及这一点。

在叔本华看来，意志就是生命意志，大自然是不灭的，是生命意志的客体化，只要生命意志不灭，大自然就不会消灭。

1860 年，叔本华去世，他的作品在他去世后才引起重视，他的思想对后人来说具有特殊意义，值得深入探讨。

“时代的矫正者”克尔凯郭尔

克尔凯郭尔，生于 1813 年，卒于 1855 年。他是丹麦的哲学家，因存在主义哲学和神学思想著称于世。在目睹了教会的种种行为违背《新约》原则后，他写下一系列短文批判基督教教会，这些短文被汇编成《抨击“基督教世界”》。

当时，丹麦实行政教合一制度，国家和民族融合了宗教信仰，形成“基督教世界”，长期以来，制度的腐败日趋明显，克尔凯郭尔对此痛心不已，他认为这样的行为和现象早已违背了《新约》

的原则。

基督教福音否定世界的价值观，基督徒要断绝与世俗生活的联系，因此，基督徒会受到世人反对，与世界对立。在克尔凯郭尔看来，基督徒要背负与世界对立导致的一切痛苦。当时世俗的价值观广泛传播，人们不想放下欢愉，去承受痛苦，因此基督教的真理惹来众人的不满。但是对真正的基督教徒而言，就算引起很多人不满，他也会坚守真理，甚至会为其奉献自己的生命。所以一个信奉《新约》的基督徒在信仰生活中必然会遭遇重重磨难。因此，克尔凯郭尔猛烈地抨击丹麦国教路德会的教会思想。他认为，“基督教世界”中反映教会向世界的价值观低头，取悦世界，消除了基督教和世界的对立，基督徒的生活失去原有的意义，他们如同普通的俗人一般崇尚享乐。教会与世界不存在差别，成为一体。这导致基督徒的信仰不再具有热忱，只是名义上的教徒。他的批判一针见血，尖锐独到，在当时引起不少舆论。他自称“时代的矫正者”，他这么做是出于对教会发展的关注。

虽然克尔凯郭尔的观点对于我们而言已经年代久远，当今的国家大多数实行政教分离，基督教的影响力大不如前，但基督教在文化上作为一些国家的国教，它的社会地位依然存在，所以克尔凯郭尔的《抨击“基督教世界”》在当今看来，依然有值得学习的地方。

从法律上、文化上而言，国教都有显著的共同点，就是将当时社会占主导地位的思想融合基督教信仰，巩固基督教在社会中的主流地位。根据克尔凯郭尔的思想，这种融合的做法与《新约》精神背道而驰。如果教会服从于世界，那就会失去教会的真理。教会必须存在于文化与社会的交流沟通中，预防其独特的福音与世界融合的危险。

人们既要把福音广泛地向世界传播，又要做好被世界拒绝的准备。教会存在的目的就是告知世界即将进行审判，劝诫人们改正过错，不是要维护或改造“基督教世界”。教会应该是时代的矫正者，在世界中发挥先知的作用。克尔凯郭尔认为，基督教的地位不需要通过教徒的多少来衡量。历史向我们证明，教会太接近世界只会招致福音的丧失。

克尔凯郭尔对教会的批判，反映了教会在与世界融合的过程中会对基督徒产生巨大的危害，所以人们要理智看待教会在社会中的作用，向更多人传播福音的同时保持冷静，要懂得反思教会的使命，认清传达信息的真正含义，避免教会在时代的潮流中迷失前进的方向。

“酒神哲学家”尼采

尼采，生于1844年，卒于1900年。他是西方哲学史上备受争议的哲学家，他在第二次世界大战后受到众多批判。在他的《悲剧的诞生》一书中，通过“酒神精神”来阐释希腊悲剧的来源和特质。他把“酒神精神”宣扬为形而上学，把自己称作“酒神哲学家”。实际上，尼采哲学最大的特色就是“酒神精神”，而且突破了叔本华的悲观主义。

“酒神精神”的本质意义是“肯定生命”，承认生命里的一切快乐和痛苦。一个人只有拥有了顽强的生命力和不屈不挠的意志，才能坦然接受生命的顺境或者逆境。“酒神精神”就是当痛苦、未知的事物来临时，精神越来越欢愉，这也是悲剧艺术要展现的精神状态。在尼采看来，作为个体的人需要懂得两种态度：一是“神圣的舞蹈”，即坦然淡泊的人生态度；二是“神圣的欢笑”，即欢乐豪放的人生态度。不管生命是长是短，不管生活是苦是甜，都要用“神圣的欢笑”来面对，用“神圣的舞蹈”来走完。

尼采认为人类生命的核心是“强力意志”，意思是强大的力量。强力意志代表生命意志，追求的并非简单的生存意志，而是超越自身的更强大的能力。

永恒轮回思想是尼采哲学中的一个部分，这个思想引发许多争议。他在《快乐的知识》这本书里对“永恒轮回”做出解释：曾经经历的和现在经历的人生，你将会循环往复无数次经历它，这个过程中不会产生新的东西，但是里面的各种快乐和痛苦，都会引起你的注意。为了脱离“永恒轮回”的深渊，尼采提出“命运之爱”，主张人要时刻鼓励自己，接受命运的必然。生命本来是没有意义的，但在知道生命没有意义之后，依然热爱生命，才能步入肯定人生的境地。

尼采提出“重估一切价值”，意思就是把被颠覆的评价重新倒转过来，“价值翻转”就是否定被肯定的人，肯定被否定的人。重估道德价值，是重估一切价值的重中之重。在哲学发展史上，道德具有崇高的地位。在尼采看来，基督教实际上是与生命对立的伦理观念，这种观念长期作为人们思想的指导，把善恶是非等价值观颠倒了，使人们步入堕落。否定旧道德规范的同时，尼采也提出了新的道德规范。他主张用自然和生命代替道德，新的道德原则就是自然和生命树，体现了顺应生命自然的思想。

尼采认为人具有不确定性和可塑性。人永远都不是固定不变的，人会通过自我创造产生自由，所以尼采提出要鼓舞人们积极进取，超脱生命的意义，实现自我超越。尼采的“超人说”，目的就是提倡人们在生存的过程中树立目标和人生意义。“超人”作为一个形象，充满“酒神精神”，不隶属于任何地方，“超人哲学”的正面意义在于生命的本质是接连不断地超越。

◇第五章◇
实证主义的产生与发展

实证主义社会学的产生与启蒙运动处于同一时期，当时，自然科学得到重大发现，法国政治革命和社会改良运动盛行。实证主义属于社会学派别，19世纪上半叶，奥古斯特·孔德建立了实证哲学思想体系，20世纪在世界广泛流传。

实证主义主要有以下特点：一是规定社会学理论和研究对象的特殊性，否定传统的形而上学思辨方式，使之成为独立的学科；二是原则上倾向于本体论的自然主义，在科学观上坚持统一，模糊了自然规律和社会规律、自然科学和社会科学的界限；三是产生了有机进化论和机械论；四是重视经验和感性作用；五是主张价值中立，客观、科学地进行判断；六是注重在现实社会生活中的应用；七是重视社会各方面的研究，但是存在一定的保守性。

◎ 孔德与社会学实证主义

奥古斯特·孔德，生于1798年，卒于1857年。他是法国实证主义哲学家、社会学的创始人，主要著作有《实证哲学教程》《实证政治体系》《主观的综合》等。

孔德以社会秩序、进步的原则作为出发点，提出他的社会学理论。他否定所有空想、批判的学说，希望法国革命后通过工业社会的有序发展重新调整社会秩序，最后完成他的社会学任务，即创建主张普遍人性的新宗教。在孔德看来，社会、集体、科学都在世界发展的历程中度过了三个阶段：神学阶段、形而上学阶段和科学阶段。在他生活的时代，神学思想已成过往，科学思想成为现代人的主宰；封建君主专制走向没落，科学思想指导的工业社会正在崛起；社会秩序的形成与社会进步取决于人类理智的属性和发展阶段。与人类理智发展的神学、形而上学、科学三个阶段对应的政体分别是神权政体、王权政体和共和政体。于是，孔德把人类社会发展的历史归纳为人类理智的发展史。

孔德提出，有四种方法可以获得实证知识：观察法、实验法、比较法和历史法。在使用这些方法的过程中，要坚持科学观的统一，也就是坚持认为自然和社会的本质没有差别，自然科学和社会科学不需要划分界限。这个思想后来成为研究实证主义社会学方法论的根本，引发众多争议。

孔德把社会学根据物理学分为两类：社会动力学和社会静力学。他认为社会动力学主要研究社会变迁、社会发展和进步的规律；社会静力学侧重研究社会各部分的相互作用，个人、集体、社会生活等方方面面的关系。孔德认为社会静力学和社会动力学是一种科学，两者之间联系紧密，互相补充。在他看来，进步不与秩序共存会导致进步持续时间短，进步必须与秩序结合才能构建真正的秩序。

孔德开创了社会学实证主义的新时代，他的思想受到后世E. 迪尔凯姆等人的传承和改造，在西方社会学界流行了100多年。但是，阶级和历史的局限性使得他的学说中存在一些不实在的想法。可他的实证科学理想，推动后世为其成为一门学科不懈奋斗，促使实证主义社会学成为当代社会科学知识体系中极其重要的组成部分。

斯宾塞与科学教育

赫伯特·斯宾塞，生于1820年，卒于1903年。他出生于英格兰，是英国实证主义哲学家、社会学家和教育家。他主张科学教育，否定古典主义教育。

1846年，他开始研究当代社会、政治、哲学、宗教和教育等问题，接触了不少哲学、社会学、经济学、人类学等著作。19世纪60年代起，斯宾塞历经30多年完成了《综合哲学》，这部著作使他享誉世界，但是思想界对此书有不同的看法。

作为英国实证主义的代表，斯宾塞继承了孔德实证哲学的基本特征，但是又有所不同。他支持社会进化论，把进化论的原理普遍化。同时，他也是当时的个人主义和自由主义的拥护者。

斯宾塞认为，教学能够实现教育目的，学校教育应当把“完满的生活内容”作为核心内容。他还认为科学知识最具有价值，知识的价值有两种意义：指导意义和训练意义。教学能够引导人们进行各种行为活动，也能够以最大限度训练智力。价值最高的课程应该具有两种作用：能够获取有用的知识和发展智力。斯宾塞主张对中等以上的学校进行课程改革，提倡把科学类的科目加入到课程体系中，然后按照教育的目的制定相应的课程。

第一类为生理学，是合理教育中最为重要的组成部分，预防失去健康，以此来增加自己的知识；第二类是数学、物理学、化学、地理学、生物学、社会学等，关系到国家的发展和社会生活的基础知识；第三类是心理学，包含生理学和教育学；第四类是历史；第五类是文化艺术，例如雕塑、绘画、诗歌、音乐等。斯宾塞提议的课程包含了许多科学知识。科学是斯宾塞课程体系的中心内容，占主导地位。

虽然斯宾塞的思想是100多年前提出的，但在今日依然有借鉴作用。斯宾塞在论述“智育”的文章中，具体地阐述了教育原则和方法。他认为，首先要注重儿童的心智发育规律，教学要与儿童的认识能力相符。其次，培养学生主动学习、自主学习，自我教育是教学过程中必须坚持的一点。最后，注重学习兴趣。兴趣是教学的准则，兴趣能够更好地激发学生的学习欲望。斯宾塞发表的《教育论》使他在教育界声名大振。

在道德教育方面，斯宾塞是资产阶级个人主义和自由主义的拥护者，他承认“自我保护”是道德法则的重点。他极度反对惩罚儿童，注重“自然后果”，但是自然后果不适用于教育幼小的儿童。从个人幸福和现代生活的角度而言，斯宾塞主张儿童应当重视体育锻炼。

斯宾塞注重现实，思想细腻，是一位杰出的教育理论家和改革家，他预料到工业革命后科学对社会生活的重要意义，预料到教育对社会发展与个人发展的重要作用，努力使科学与教育相结合，使自己的思想顺应了社会历史条件的需要，通过教育推动社会生产力的发展。

马赫主义与中立哲学

恩斯特·马赫，生于1838年，卒于1916年。他是奥地利杰出的科学家、科学哲学家和科学史家。

在科学上，他在物理学、心理学和生理学等领域均取得了卓越的成就，他开创了相对论的先河，对当代认知科学和进化认识论都具有深刻的理解，他的科学思想颇有见解，推动后来的量子论、格式塔心理学、发生认识论、精神分析学的产生。在科学哲学和科学史方面，对当代科学家和哲学家都具有重要的启迪作用。马赫领导批判学派，又创立了逻辑经验论，见识广博，思想深邃，是现代科学和哲学历史上的巨人。马赫也是自然主义和人道主义的支持者，他对社会怀有强烈的责任感，倡导人与人、人与社会、人与自然和谐相处。

马赫主义是根据它的创始人马赫命名的，马赫主义与同时代的德国哲学家阿芬那留斯主张的经验批判主义观念整体一致，所以两个名称可以互相替代。马赫主义以贝克莱、休谟的经验主义哲学作为思想依据，但是否定贝克莱的唯心主义。马赫主义者指出，经验不是人心中的上帝，也不是单纯的心理意识，既不是心，也不是物的中性事物。他们把这种哲学称作中立的无党性哲学。马赫主义者承认自己的哲学是实证主义，与孔德、斯宾塞的观点有关。

但是，马赫主义者的理论与孔德、斯宾塞等人的实证主义存在不同之处。第一，马赫主义者认为旧实证主义者的思想存在“形而上学”的残余；第二，马赫主义者摒弃孔德、斯宾塞等人构建具体科学哲学体系的意图，他们把哲学归纳为科学认识论。

因为马赫主义发展了孔德、斯宾塞的实证主义，所以人们把他们的思想称作第二代实证主义，马赫主义者多次强调他们的哲学是“最新的自然科学实证主义”。马赫主义不仅包含了马赫、阿芬那留斯的思想，而且包含19世纪末贝克莱、休谟的哲学思想倒退的思潮，马赫主义与新康德主义、当时德国出现的内在论学说很接近。马赫和阿芬那留斯也遇到了不少志同道合的学者，比如，英国物理学家毕尔生的《科学入门》中的思想与马赫、阿芬那留斯的一致，法国科学家彭加勒的约定论补充和发展了马赫主义，比利时物理学家杜恒也忠实追随马赫主义。马赫认为，虽然这些哲学家派别不同，观点也各有特色，但是他们的思想观点最后都归根于贝克莱的主观唯心主义和休谟的不可知论，这种情况的出现取决于西方当时的历史条件。

马赫主义在特殊的背景下产生。19世纪后半叶，物理学领域发生革命，推翻了先前自然科学的传统概念，旧的实证主义无法与最新的科学发展并驾齐驱，迫切需要改造。马赫主义一方面传承了实证主义哲学的基本观点，一方面又适应新的自然科学变化做出调整，形成新的认识方法，以科学哲学作为主要思想，吸引了注重科学和社会进步的知识分子。

马赫主义对19世纪末20世纪初的欧洲工人运动起到重要作用，欧洲一些反对无产阶级的修正主义分子曾经使用马赫主义来修正马克思主义。20世纪初，马赫主义成为俄国资产阶级哲学界中最受欢迎的哲学流派，马克思主义的敌人利用马赫主义来打击马克思主义，代表人物有波格丹诺夫、巴扎罗夫、尤什凯维奇、瓦连廷诺夫等。马赫主义对工人运动产生的影响远大于一般的哲学思想，而且成为政治攻击的武器，甚至可以影响当时工人运动的成败。在这样的社会环境下，列宁撰写了《唯物主义和经验批判主义》一书，宣扬马克思主义哲学，有力地批判了马赫主义。

◇第六章◇

现代西方哲学的发展

新黑格尔主义在19世纪末兴起并流行于英、美国家，主张复兴黑格尔的思想，是一场复兴古典哲学的运动，表示思辨传统渗透到经验主义传统之中。新黑格尔主义者主要通过研究、论述黑格尔哲学来证明自己的观点。1865年，德国哲学家李普曼发表《康德及其追随者》，主张回归到康德哲学中，这是新康德主义正式生成的标志。

詹姆斯是彻底经验论的主要代表，他认为，如果假说对生活有用处，就可以接纳它。威廉·杜威是实用主义的代表人物，他的学说对后来哲学家、教育学家、美学家和政治理论学者具有深远的影响。

新黑格尔主义的代表人物

新黑格尔主义者传承了黑格尔哲学的部分基本思想，在此基础上又有新的改造和发展。其他学者的著作没有对黑格尔的学说进行分析或者改进，但是他们的思想基本上还是围绕黑格尔的观点展开的，但是有偏离的现象。下面主要介绍两位新黑格尔主义者。

弗兰西斯·赫伯特·布拉德雷，生于1846年，卒于1924年。他领导“黑格尔派”，也是该流派的终结者。他大胆批判英国经验主义传统，涉足不同的哲学领域，并深入研究。

1876年的《伦理学研究》和1883年的《逻辑原理》面世之后，他被人们称为“盎格鲁－黑格尔派”的领军人物。除了上述两部著作外，他还有一些代表作，比如1874年的《批判的历史之前提》，1876年的《伦理学研究》和1922年的《逻辑原理》。这些论著中分析了观念、判断和推理等思想形式，以及同一律、矛盾律和排中律等思想规律。另外还批判了英国传统逻辑学的心理主义、观念联想说和穆勒的归纳逻辑。1893年的《现象与实在》，1914年的《真理与实在论文集》和1935年的《论文集》批驳了传统形式的逻辑。

布拉德雷首先涉足伦理学，接着研究逻辑学，最后探讨形而上学。布拉德雷的形而上学观点主张通过理智来证明对于实在或神性的神秘感觉。他认为道德的目的就是道德自身，在特定的内容中才能实现，也就是“自我实现”。自我实现不是实现自我的某一状态，而是实现自我成为一个无限的整体，使自己变成全体中的一部分。布拉德雷进一步指出，国家在可见的范畴内是一个伦理共同体，个人就是这个共同体里的某个功能性配件。所以，人的道德要立足于国家这个全体中。道德行为是自觉产生的，道德本性存在固有矛盾：一是个人处于共同体中，包含了有限和无限、私我和真我的矛盾；二是国家作为共同体，未能完全消除成员之间的矛盾。

在努力解决矛盾的过程中，道德包含了更高级的宗教。布拉德雷认为宗教的“善”和“上帝”是一种现象而不是实在，而且仅限于宗教范围。每种现象都存在差别，一般根据它们的包容性和和谐性进行判断。所谓实在的理念，在于判断标准的不同。

布拉德雷的哲学思想一方面指出终极界限无法逾越，另一方面又认为在界限内不懈追求，体现了终极意义和价值。

理查德·克罗纳，生于 1884 年，卒于 1974 年。他是德国新黑格尔主义的主要代表人物，他的《从康德到黑格尔》一书详细地描述并阐释了德国唯心论的发展演变。在他看来，康德建立的先验唯心论，已经在黑格尔哲学的发展过程中耗尽了前进和上升的动力，难以超越。克罗纳思想最大的特色就是把黑格尔看作一位非理性主义和神秘主义的拥护者。

德国生命哲学家狄尔泰在 1905 年出版的《青年黑格尔》中认为青年时期的黑格尔支持非理性主义。黑格尔哲学中认为生命的直觉、爱情、痛苦等非理性意识非常重要，克罗纳吸收了这个观点，进一步认为预言家和逻辑学家、神秘主义和理性主义在黑格尔身上合二为一，还有启蒙运动与浪漫主义、知识与信仰、理性与天启也在他身上形成完美的结合，这样的统一令人非常向往。

黑格尔的思想摒弃了理性主义与非理性主义的对立，黑格尔体系的本质和核心体现在他一方面发挥了思维中非理性事物的作用，另一方面又由非理性表述超理性事物中独有的理性。

克罗纳肯定黑格尔的非理性思维，原因是辩证思维由理性——非理性的思维产生。克罗纳预见到黑格尔哲学的综合性，而且在发展黑格尔哲学的过程中加入了生命哲学和存在主义的思想，进一步改造了黑格尔的哲学思想。

贝奈戴托·克罗齐，生于 1866 年，卒于 1952 年。他是意大利新黑格尔主义的主要代表人物，对 20 世纪的西方哲学影响非常大。克罗齐传承黑格尔的绝对和普遍精神，把它们当作世界万物的根本，同时他也批判黑格尔，但是不够彻底。

克罗齐把精神活动形态作为划分事物的标准，他把精神活动分为两类：理论活动和实践活动，即知和行。前者分成直觉和概念，后者分成道德和经济。克罗齐哲学体系的基本内容就是对这四种精神活动的阐述。精神的基本活动是直觉，直接性和具体性是直觉的特点。理智是精神活动的第二种形式，也就是概念的、逻辑的认识活动，直觉是这种认识活动的基础。

在对黑格尔辩证法的改造过程中，克罗齐指出辩证法分为两种：矛盾的辩证法和差异的辩证法。差异辩证法是针对黑格尔辩证法的谬误提出的新观点；差异辩证法适用于相异概念的联系，遵循“差异统一”的原则。

在克罗齐的哲学观念中，历史理论的地位也不容忽视。他称自己的哲学为“绝对历史主义”。历史是一种思想活动，克罗齐认为哲学家也是历史学家，因为都是从事精神活动的研究，当历史学家对历史事件进行分析时，就是进行哲学活动。

新康德主义的代表学派

1865 年，德国哲学家李普曼的《康德及其追随者》一书面世，是新康德主义形成的重要标志。新康德主义运动主要分为三个阶段：第一阶段是 1871 年—1878 年，全面了解到康德的统觉和先天性学说具有更多发展的可能，反对形而上学理论；第二阶段是 1878 年到一战结束，马堡和弗莱堡两个学派立足于自然科学和历史科学的反思，以其学派特色发展哲学学说；第三阶段处于两次世界大战之间，特点是反思崩溃的文化乐观主义，批判唯心论，形而上学复活。

赫尔曼·柯亨，生于1842年，卒于1918年。他是马堡学派的领袖。马堡学派是新康德主义学派之一，他们尝试深入研究康德的认识论，借此构建一个以认识论和方法论为核心的哲学体系。他们的活动阵地集中在马堡大学，所以被称为马堡学派。他们将认识论和方法论归纳为先验逻辑问题，又称为先验逻辑学派。

马堡学派传承并发展了康德的先验方法，在解释康德的理性学说时，提出先验心理和先验逻辑两种倾向的存在。哲学就是探索先验逻辑结构，哲学是科学认识和逻辑的结合，也可以说是纯粹认识的逻辑，康德的先验方法说的就是这种逻辑。以这种先验方法作为出发点，柯亨等人进一步分析了康德提出的“自在之物”的理念，从而批驳康德的先验感性论，将一切认识活动都归纳为创造纯粹思维的活动。柯亨等人还非常重视逻辑问题，把逻辑的范畴看作纯粹思维的创造。

柯亨的哲学活动主要分为两个时期。19世纪70年代至19世纪末，柯亨专注于对康德论著的重新诠释。1871年，他的《康德经验理论》出版，对马堡学派和新康德主义思潮都产生了重大的影响。这本书促进了新康德主义的形成。接着，柯亨在1877年出版了《康德对伦理学的论证》，1889年出版了《康德对美学的论证》，有条理地论述了康德的三大批判。20世纪初，柯亨着手建立属于自己的哲学体系，他的三部著作可以反映出组成他哲学体系的三大部分，分别是1902年的《纯粹认识的逻辑》，1904年的《纯粹意志伦理学》和1912年的《纯粹感受美学》。值得注意的是，他的哲学基础都收录在《纯粹认识的逻辑》一书中。

保尔·纳托普（1854—1924）是马堡学派的主要代表。纳托普继承了柯亨的哲学思想，他的代表作主要有：1882年的《笛卡儿的认识论：批判主义前史研究》，1903年的《柏拉图的理念学说》和1910年的《精密科学的逻辑基础》等。1912年，他在康德协会进行《康德与马堡学派》的演讲，这成为介绍马堡学派的重要篇目。纳托普把马堡学派的学说作为一种方法，把它用于建立精密科学、精神科学和社会学体系。总的来说，他结合了柏拉图的客观唯心主义和康德的批判主义，发展成自己的新哲学。

弗莱堡学派因活动阵地集中在弗莱堡大学而得名。成员后期活动于海德堡大学，所以又称海德堡学派。该学派重视研究先验心理和价值问题。威廉·文德尔班（1848—1915）是弗莱堡学派的创始人。

文德尔班把价值概念作为哲学研究的中心，提出“重新估价一切价值”的号召。他还指出，在受康德批判哲学启蒙后，就不能停留在形而上学的问题之中，应该关注价值，重新评价一切价值。文德尔班所主张的价值哲学强化了评价活动的地位，充实了人类知识。在哲学发展中极力保持哲学的独立性，延续了德国古典哲学和欧洲古典哲学的传统。

弗莱堡学派的价值哲学与文化科学对立的观点具有密不可分的联系，文德尔班划分事实与价值、事实知识与价值知识，通过具体区分自然科学和社会历史科学表现出来。自然科学是“制定规律的”科学，社会历史科学实用的是个别化的办法，被文德尔班称为“描述特征的”科学。

李凯尔特继承了文德尔班的价值哲学思想，认为自然科学使用的是从特殊到一般的方法，也就是普遍化的方法，是为了发现自然界中的“规律”“齐一性”“共相”“不变的形式”等。所以，唯有社会历史科学才可以达成实在，因为它使用的是个别的方法去探究具体的、特别的历史事件，以及真实存在的事物。

威廉·詹姆斯与“彻底经验论”学说

威廉·詹姆斯主要研究心理学，他创造了“彻底经验论”学说，这使他在哲学界中占有一席之地。他的哲学兴趣主要包含科学和宗教，在科学上，医学思想促使他偏向唯物主义发展。詹姆斯为人亲和，受人爱戴。他从他的清教徒家系中保留了善的信念，认为人最重要的是有善良的行为。当时新教徒与旧教徒处于对立的局面，总的来说，威廉·詹姆斯是一个新教的自由思想家。

1904 年，詹姆斯发表了论文《“意识”存在吗？》，文中首次提出彻底经验论的学说。这篇文章旨在对“主体、客体关系是根本性关系”的观点进行否定。主体就是指实体或者认识者，客体就是另一个实体或者被认识的事物。被认识的事物包含物质、永恒的本质、心灵或者是处于自意识中和认识者的同一。在普遍公认的哲学思想中，一切事物和主体、客体的二元对立存在紧密的联系。如果否定主体和客体的差别是基本的差别，那么就要重新考虑精神和物质的不同、传统的“真理”等。

在詹姆斯看来，意识是一种非实体，意识构成了世界，是一种原始的纯粹经验。纯粹经验的两个部分之间构成的特殊关系就是认识作用，纯粹经验能够给人们提供反省的材料，推动生命流转。詹姆斯使用“纯粹经验”这个词，不自觉地体现出他的思想倾向于贝克莱的唯心论。

詹姆斯还认为，观念只要帮助人们与自己的经验产生好的结果，那么就是真实可信的。他还认为，如果假说对生活有用处，就可以接纳它。“真”是产生于观念的事，事件使观点成为真的。

按照主智主义者的观点，真观念要与实际相符，才是正确的。如果关于神的假说能够使人感到满意，是有用的，那么这个假说就成真。这使得神的地位下降，人们只记得神的信念，以及信念所带来的影响，所以这种对宗教实用主义的观点受到教皇的驳斥。

詹姆斯指出，实用主义最早由 C.S. 皮尔斯提出。皮尔斯认为，假如我们要清晰地思考某个对象，就需要观察这个对象包含的事物，以及产生的实际效用。针对这个观点，詹姆斯提出哲学的任务就是为了弄清何为世界之真理。

詹姆斯的学说试图以怀疑主义作为基础，建立一个核心为信仰的上层建筑。这需要依靠谬误，而詹姆斯认为谬误产生于忽视一切超人类的事实。詹姆斯把贝克莱派的唯心主义和怀疑主义结合，用信仰神来取代神，但这体现了近代大部分哲学中主观主义的谬误。

约翰·杜威与《学校与社会》

约翰·杜威出生于 1859 年，是美国历史上独一无二的伟大哲学家。他的思想深刻地影响了哲学家、研究教育学的人、探讨美学的人和分析政治理论的人。1899 年，杜威的著作《学校与社会》出版，里面汇集了他对教育学、学派思想的观点，是他影响力最大的著作。

从哲学方面看，杜威研究的重点主要集中在批评过往的“真理”概念，这个批评在他的“工具主义”理论中也有所展现。杜威的兴趣主要是生物学，他认为思维是一种进化过程。杜威青年时期受黑格尔哲学影响，但是黑格尔的思想在他的哲学思想中地位不高。在他看来，一切实在都具有时间性。

杜威把信念分为两种，一种是好的，另一种是坏的。信念有时是好的，有时是不好的。不完美的理论优于之前的理论，却不及后来的理论。信念好坏与否，取决于拥有这个信念的有机体对进行的活动后果满意与否。

杜威的一些思想被认为与一直以来的常识背道而驰，是因为他在形而上学观念中没有坚定“事实”，没有办法容纳“事实”。他承认天文学上宇宙的存在，但没有重视这个观点。他的哲学属于权能哲学，和尼采的权能哲学不同，他认为社会的权能非常宝贵。相比于这种权能至今受到的束缚，人们支配自然力量的新能力更使人印象深刻。